深圳证券交易所
SHENZHEN
STOCK EXCHANGE

中小企业之家
HOME FOR SMEs

深圳证券交易所中小企业之家系列读物

深市股票上市规则汇编

（2018）

深圳证券交易所创业企业培训中心 编

中国财经出版传媒集团
中国财政经济出版社

图书在版编目（CIP）数据

深市股票上市规则汇编．2018／深圳证券交易所创业企业培训中心编．—北京：中国财政经济出版社，2018.7

（深圳证券交易所中小企业之家系列读物）

ISBN 978－7－5095－8385－2

Ⅰ.①深…　Ⅱ.①深…　Ⅲ.①股份有限公司－证券交易－中国　Ⅳ.①F832.51

中国版本图书馆CIP数据核字（2018）第156913号

责任编辑：贾延平　　　　责任校对：李　丽

封面设计：田　晗

中国财政经济出版社出版

URL：http：//www.cfeph.cn

E－mail：cfeph@cfeph.cn

社址：北京市海淀区阜成路甲28号　邮政编码：100142

营销中心电话：010－88191537　北京财经书店电话：64033436　84041336

中煤（北京）印务有限公司印刷　各地新华书店经销

880×1230毫米　32开　9.5印张　235 000字

2018年8月第1版　2020年10月北京第3次印刷

定价：30.00元

ISBN 978－7－5095－8385－2

（图书出现印装问题，本社负责调换）

本社质量投诉电话：010－88190744

打击盗版举报热线：010－88191661　QQ：2242791300

目　录

深圳证券交易所股票上市规则（2018 年修订）
（深证上〔2018〕166 号） …………………………… （ 1 ）
第一章　总　则 ………………………………… （ 1 ）
第二章　信息披露的基本原则及一般规定 ……… （ 2 ）
第三章　董事、监事和高级管理人员 …………… （ 6 ）
第一节　董事、监事和高级管理人员 ……… （ 6 ）
第二节　董事会秘书 ……………………… （ 10 ）
第四章　保荐人 ……………………………… （ 14 ）
第五章　股票和可转换公司债券上市 ………… （ 17 ）
第一节　首次公开发行的股票上市 ………… （ 17 ）
第二节　上市公司新股和可转换公司债券的发行与上市 ………………………… （ 20 ）
第三节　有限售条件的股份上市流通 ……… （ 23 ）
第六章　定期报告 …………………………… （ 25 ）
第七章　临时报告的一般规定 ……………… （ 29 ）
第八章　董事会、监事会和股东大会决议 ……… （ 31 ）
第一节　董事会和监事会决议 …………… （ 31 ）
第二节　股东大会决议 ………………… （ 33 ）
第九章　应披露的交易 ……………………… （ 35 ）
第十章　关联交易 …………………………… （ 41 ）
第一节　关联交易及关联人 ……………… （ 41 ）

第二节　关联交易的程序与披露 ……………（43）
第十一章　其他重大事件 ……………………（48）
第一节　重大诉讼和仲裁 ……………………（48）
第二节　变更募集资金投资项目 ……………（49）
第三节　业绩预告、业绩快报和盈利预测 …（50）
第四节　利润分配和资本公积金转增股本 …（53）
第五节　股票交易异常波动和澄清 …………（54）
第六节　回购股份 ……………………………（55）
第七节　可转换公司债券涉及的重大事项 …（57）
第八节　收购及相关股份权益变动 …………（59）
第九节　股权激励 ……………………………（60）
第十节　破产 …………………………………（62）
第十一节　其他 ………………………………（66）
第十二章　停牌和复牌 ………………………（69）
第十三章　风险警示 …………………………（73）
第一节　一般规定 ……………………………（73）
第二节　退市风险警示 ………………………（74）
第三节　其他风险警示 ………………………（80）
第十四章　暂停、恢复、终止和重新上市 ……（83）
第一节　暂停上市 ……………………………（83）
第二节　恢复上市 ……………………………（88）
第三节　主动终止上市 ………………………（97）
第四节　强制终止上市 ………………………（102）
第五节　重新上市 ……………………………（114）
第十五章　申请复核 …………………………（116）
第十六章　境内外上市事务 …………………（117）
第十七章　监管措施和违规处分 ……………（117）
第十八章　释　义 ……………………………（119）
第十九章　附　则 ……………………………（124）

附件一：董事声明及承诺书 ……………………（125）
附件二：监事声明及承诺书 ……………………（132）
附件三：高级管理人员声明及承诺书 ………（139）

深圳证券交易所创业板股票上市规则（2018 年修订）
（深证上〔2018〕166 号）………………………………（146）
第一章　总　则 ………………………………………（146）
第二章　信息披露的基本原则及一般规定 ………（147）
第三章　董事、监事、高级管理人员、控股股东和
实际控制人 ……………………………………（152）
第一节　声明与承诺 ………………………………（152）
第二节　董事会秘书 ………………………………（158）
第四章　保荐机构 ……………………………………（162）
第五章　股票和可转换公司债券上市 ……………（165）
第一节　首次公开发行的股票上市 ……………（165）
第二节　上市公司新股和可转换公司债券的
发行与上市 ………………………………（168）
第三节　有限售条件的股份上市流通 ………（170）
第六章　定期报告 ……………………………………（171）
第七章　临时报告的一般规定 ……………………（177）
第八章　董事会、监事会和股东大会决议 ………（180）
第一节　董事会和监事会决议 …………………（180）
第二节　股东大会决议 …………………………（181）
第九章　应披露的交易 ……………………………（183）
第十章　关联交易 ……………………………………（189）
第一节　关联交易及关联人 ……………………（189）
第二节　关联交易的程序与披露 ………………（191）
第十一章　其他重大事件 …………………………（197）
第一节　重大诉讼和仲裁 ………………………（197）

第二节　募集资金管理 ……………………………（198）
第三节　业绩预告、业绩快报和盈利预测 …（200）
第四节　利润分配和资本公积金转增股本 …（202）
第五节　股票交易异常波动和澄清 …………（203）
第六节　回购股份 ……………………………（204）
第七节　可转换公司债券涉及的重大事项 …（207）
第八节　收购及相关股份权益变动 …………（209）
第九节　股权激励 ……………………………（211）
第十节　破产 …………………………………（212）
第十一节　其他 ………………………………（216）
第十二章　停牌和复牌 …………………………（221）
第十三章　暂停、恢复、终止上市 ……………（224）
第一节　暂停上市 ……………………………（224）
第二节　恢复上市 ……………………………（229）
第三节　主动终止上市 ………………………（239）
第四节　强制终止上市 ………………………（244）
第十四章　申请复核 ……………………………（254）
第十五章　境内外上市事务 ……………………（255）
第十六章　监管措施和违规处分 ………………（256）
第十七章　释　义 ………………………………（258）
第十八章　附　则 ………………………………（261）
附件一：董事声明及承诺书 ……………………（263）
附件二：监事声明及承诺书 ……………………（270）
附件三：高级管理人员声明及承诺书 …………（277）
附件四：控股股东、实际控制人声明及
承诺书（法人及其他组织版本） …（284）
附件五：控股股东、实际控制人声明及
承诺书（自然人版本） ……………（289）

深圳证券交易所股票上市规则（2018 年修订）

（深证上〔2018〕166 号）

（1998 年 1 月实施　2000 年 5 月第一次修订　2001 年 6 月第二次修订　2002 年 2 月第三次修订　2004 年 12 月第四次修订　2006 年 5 月第五次修订　2008 年 9 月第六次修订　2012 年 7 月第七次修订　2014 年 10 月第八次修订　2018 年 4 月第九次修订　2018 年 6 月修改第 1.1 条、第 1.2 条）

第一章　总　　则

1.1　为了规范股票、存托凭证、可转换为股票的公司债券（以下简称可转换公司债券）及其他衍生品种（以下统称股票及其衍生品种）上市行为，以及发行人、上市公司及相关信息披露义务人的信息披露行为，维护证券市场秩序，保护投资者的合法权益，根据《中华人民共和国公司法》（以下简称《公司法》）、《中华人民共和国证券法》（以下简称《证券法》）等法律、行政法规、部门规章、规范性文件及《深圳证券交易所章程》，制定本规则。

1.2　在深圳证券交易所（以下简称本所）主板、中小企业板上市的股票、存托凭证及其衍生品种的上市、信息披露、停牌等事宜，适用本规则；中国证券监督管理委员会（以下简称中国证监会）和本所对权证等衍生品种、境外公司的股票、存托凭证及其衍生品种在本所的上市、信息披露、停牌等事宜另有规定的，从其规定。

本所对在中小企业板上市的股票及其衍生品种有特别规定的，从其规定。

1.3　申请股票及其衍生品种在本所上市，应当经本所同意，并在上市前与本所签订上市协议，明确双方的权利、义务和有关事项。

1.4　上市公司及其董事、监事、高级管理人员、股东、实际控制人、收购人等自然人、机构及其相关人员，以及保荐人及其保荐代表人、证券服务机构及其相关人员应当遵守法律、行政法规、部门规章、规范性文件、本规则和本所发布的细则、指引、通知、办法、备忘录等相关规定（以下简称“本所其他相关规定”）。

1.5　本所依据法律、行政法规、部门规章、规范性文件、本规则、本所其他相关规定和中国证监会的授权，对上市公司及其董事、监事、高级管理人员、股东、实际控制人、收购人等自然人、机构及其相关人员，以及保荐人及其保荐代表人、证券服务机构及其相关人员进行监管。

第二章　信息披露的基本原则及一般规定

2.1　上市公司及相关信息披露义务人应当根据法律、行政法规、部门规章、规范性文件、本规则以及本所发布的细则、指引和通知等相关规定，及时、公平地披露信息，并保证所披露的信息真实、准确、完整，不得有虚假记载、误导性陈述或者重大遗漏。

2.2　上市公司董事、监事、高级管理人员应当保证公司所披露的信息真实、准确、完整，不能保证披露的信息内容真实、准确、完整的，应当在公告中作出相应声明并说明理由。

2.3　上市公司股东、实际控制人、收购人等相关信息披露义务人，应当按照有关规定履行信息披露义务，积极配合上市公司做好信息披露工作，及时告知上市公司已发生或者拟发生的重大事件，并严格履行其所作出的承诺。

2.4　本规则所称真实，是指上市公司及相关信息披露义务人披露的信息应当以客观事实或者具有事实基础的判断和意见为依据，如实反映客观情况，不得有虚假记载和不实陈述。

2.5　本规则所称准确，是指上市公司及相关信息披露义务人披露的信息应当使用明确、贴切的语言和简明扼要、通俗易懂的文字，不得含有任何宣传、广告、恭维或者夸大等性质的词句，不得有误导性陈述。

公司披露预测性信息及其他涉及公司未来经营和财务状况等信息时，应当合理、谨慎、客观。

2.6　本规则所称完整，是指上市公司及相关信息披露义务人披露的信息应当内容完整、文件齐备，格式符合规定要求，不得有重大遗漏。

2.7　本规则所称及时，是指上市公司及相关信息披露义务人应当在本规则规定的期限内披露所有对公司股票及其衍生品种交易价格可能产生较大影响的信息（以下简称“重大信息”）。

2.8　本规则所称公平，是指上市公司及相关信息披露义务人应当同时向所有投资者公开披露重大信息，确保所有投资者可以平等地获取同一信息，不得私下提前向特定对象单独披露、透露或者泄露。

公司向公司股东、实际控制人或者其他第三方报送文件和传递信息涉及未公开重大信息的，应当及时向本所报告，并依据本所相关规定履行信息披露义务。

2.9　上市公司及其董事、监事、高级管理人员、相关信息披露义务人和其他知情人在信息披露前，应当将该信息的知情者控制在最小范围内，不得泄漏未公开重大信息，不得进行内幕交易或者配合他人操纵股票及其衍生品种交易价格。

2.10　上市公司应当按照有关规定制定并严格执行信息披露事务管理制度。

公司应当将经董事会审议的信息披露事务管理制度及时报送本所备案并在本所指定网站披露。

2.11　上市公司应当披露的信息包括定期报告和临时报告。

公司及相关信息披露义务人应当将公告文稿和相关备查文件在第一时间报送本所，报送的公告文稿和相关备查文件应当符合本所的要求。

公司及相关信息披露义务人报送的公告文稿和相关备查文件应当采用中文文本。同时采用外文文本的，信息披露义务人应当保证两种文本的内容一致。两种文本发生歧义时，以中文文本为准。

2.12　本所根据有关法律、行政法规、部门规章、规范性文件、本规则以及本所发布的细则、指引和通知等相关规定，对上市公司及相关信息披露义务人披露的信息进行形式审核，对其内容的真实性不承担责任。

本所对定期报告实行事前登记、事后审核；对临时报告依不同情况实行事前审核或者事前登记、事后审核。

定期报告或者临时报告出现任何错误、遗漏或者误导，本所可以要求公司作出说明并公告，公司应当按照本所要求办理。

2.13　上市公司定期报告和临时报告经本所登记后应当在中国证监会指定媒体上披露。公司未能按照既定时间披露，或者在指定媒体上披露的文件内容与报送本所登记的文件内容不一致的，应当立即向本所报告。

2.14　上市公司及相关信息披露义务人在其他公共媒体发布重大信息的时间不得先于指定媒体，在指定媒体上公告之前不得以新闻发布或者答记者问等任何其他方式透露、泄漏未公开重大信息。

公司董事、监事及高级管理人员应当遵守并促使公司遵守前述规定。

2.15　上市公司及相关信息披露义务人应当关注公共媒体关于本公司的报道以及本公司股票及其衍生品种的交易情况，及时向有关方面了解真实情况。

公司应当在规定期限内如实回复本所就相关事项提出的问询，并按照本规则的规定和本所要求及时、真实、准确、完整地就相关情况作出公告，不得以有关事项存在不确定性或者需要保密等为由不履行报告、公告和回复本所问询的义务。

2.16　上市公司及相关信息披露义务人未在规定期限内回复本所问询，或者未按照本规则的规定和本所的要求进行公告，或者本所认为必要的，本所可以交易所公告等形式，向市场说明有关情况。

2.17　上市公司应当将定期报告、临时报告和相关备查文件等信息披露文件在公告的同时置备于公司住所，供公众查阅。

2.18　上市公司应当配备信息披露所必要的通信设备，并保证对外咨询电话畅通。

2.19　上市公司拟披露的信息存在不确定性、属于临时性商业秘密或者本所认可的其他情形，及时披露可能会损害公司利益或者误导投资者，且符合以下条件的，公司可以向本所提出暂缓披露申请，说明暂缓披露的理由和期限：

（一）拟披露的信息未泄漏；

（二）有关内幕人士已书面承诺保密；

（三）公司股票及其衍生品种交易未发生异常波动。

经本所同意，公司可以暂缓披露相关信息。暂缓披露的期限一般不超过两个月。

暂缓披露申请未获本所同意、暂缓披露的原因已经消除或者暂缓披露的期限届满的，公司应当及时披露。

2.20　上市公司拟披露的信息属于国家机密、商业秘密或者本所认可的其他情况，按本规则披露或者履行相关义务可能会导致其违反国家有关保密法律、行政法规规定或者损害公司利益的，公司可以向本所申请豁免按本规则披露或者履行相关义务。

2.21　上市公司发生的或者与之有关的事件没有达到本规则规定的披露标准，或者本规则没有具体规定，但本所或者公司董事会认为该事件对公司股票及其衍生品种交易价格可能产生较大影响的，公司应当比照本规则及时披露。

2.22　上市公司及相关信息披露义务人对本规则的具体规定有疑问的，应当向本所咨询。

2.23　保荐人及其保荐代表人、证券服务机构及其相关人员为发行人、上市公司及相关信息披露义务人的证券业务活动制作、出具上市保荐书、审计报告、资产评估报告、财务顾问报告、资信评级报告或者法律意见书等文件，应当勤勉尽责，对所制作、出具的文件内容的真实性、准确性、完整性进行核查和验证。其制作、出具的文件不得有虚假记载、误导性陈述或者重大遗漏。

第三章　董事、监事和高级管理人员

第一节　董事、监事和高级管理人员

3.1.1　上市公司的董事、监事和高级管理人员应当在公

司股票首次上市前，新任董事、监事应当在股东大会或者职工代表大会通过其任命后一个月内，新任高级管理人员应当在董事会通过其任命后一个月内，签署一式三份“董事（监事、高级管理人员）声明及承诺书”，并报本所和公司董事会备案。

董事、监事和高级管理人员签署“董事（监事、高级管理人员）声明及承诺书”时，应当由律师见证，并由律师解释该文件的内容，董事、监事和高级管理人员在充分理解后签字。

董事会秘书应当督促董事、监事和高级管理人员及时签署“董事（监事、高级管理人员）声明及承诺书”，并按本所规定的途径和方式提交“董事（监事、高级管理人员）声明及承诺书”的书面文件和电子文件。

3.1.2　上市公司董事、监事和高级管理人员应当在“董事（监事、高级管理人员）声明及承诺书”中声明：

（一）持有本公司股票的情况；

（二）有无因违反法律、行政法规、部门规章、规范性文件、本规则或者本所其他相关规定受查处的情况；

（三）参加证券业务培训的情况；

（四）其他任职情况和最近五年的工作经历；

（五）拥有其他国家或者地区的国籍、长期居留权的情况；

（六）本所认为应当说明的其他情况。

3.1.3　上市公司董事、监事和高级管理人员应当保证“董事（监事、高级管理人员）声明及承诺书”中声明事项的真实、准确、完整，不存在虚假记载、误导性陈述或者重大遗漏。

3.1.4　上市公司董事、监事和高级管理人员在任职（含续任）期间出现声明事项发生变化的，董事、监事和高级管理理人员应当自该等事项发生变化之日起五个交易日内向本所和公司董事会提交有关该等事项的最新资料。

3.1.5　上市公司董事、监事和高级管理人员应当履行以下职责并在“董事（监事、高级管理人员）声明及承诺书”中作出承诺：

（一）遵守并促使上市公司遵守国家法律、行政法规、部门规章、规范性文件，履行忠实义务和勤勉义务；

（二）遵守并促使上市公司遵守本规则和本所其他相关规定，接受本所监管；

（三）遵守并促使上市公司遵守《公司章程》；

（四）本所认为应当履行的其他职责和应当作出的其他承诺。

监事还应当承诺监督董事和高级管理人员遵守其承诺。

高级管理人员还应当承诺及时向董事会报告有关公司经营或者财务方面出现的可能对公司股票及其衍生品种交易价格产生较大影响的事项。

3.1.6　上市公司董事应当履行的忠实义务和勤勉义务包括：

（一）原则上应当亲自出席董事会，以正常合理的谨慎态度勤勉行事并对所议事项表达明确意见；因故不能亲自出席董事会的，应当审慎地选择受托人；

（二）认真阅读上市公司的各项商务、财务报告和公共媒体有关公司的报道，及时了解并持续关注公司业务经营管理状况和公司已发生或者可能发生的重大事件及其影响，及时向董事会报告公司经营活动中存在的问题，不得以不直接从事经营管理或者不知悉为由推卸责任；

（三）《证券法》、《公司法》规定的及社会公认的其他忠实义务和勤勉义务。

3.1.7　上市公司董事、监事和高级管理人员应当在公司股票上市前、任命生效时及新增持有公司股份时，按照本所的有关规定申报并申请锁定其所持的本公司股份。

公司董事、监事、高级管理人员和证券事务代表所持本公司股份发生变动的（因公司派发股票股利和资本公积转增股本导致的变动除外），应当及时向公司报告并由公司在本所指定网站公告。

3.1.8 上市公司董事、监事、高级管理人员和公司股东买卖本公司股份应当遵守《公司法》、《证券法》、中国证监会和本所相关规定及公司章程。

上市公司董事、监事、高级管理人员自公司股票上市之日起一年内和离职后半年内，不得转让其所持本公司股份。

3.1.9 上市公司董事、监事、高级管理人员、持有公司股份 5% 以上的股东，将其持有的该公司的股票在买入后六个月内卖出，或者在卖出后六个月内又买入，由此所得收益归该公司所有，公司董事会应当收回其所得收益，并及时披露相关情况。

3.1.10 上市公司在发布召开关于选举独立董事的股东大会通知时，应当将所有独立董事候选人的有关材料（包括但不限于提名人声明、候选人声明、独立董事履历表）报送本所备案。

公司董事会对独立董事候选人的有关情况有异议的，应当同时报送董事会的书面意见。

3.1.11 本所在收到前条所述材料的五个交易日内，对独立董事候选人的任职资格和独立性进行审核。对于本所提出异议的独立董事候选人，上市公司不得将其提交股东大会选举为独立董事。

在召开股东大会选举独立董事时，公司董事会应当对独立董事候选人是否被本所提出异议的情况进行说明。

3.1.12 上市公司应当在董事会下设立审计委员会，内部审计部门对审计委员会负责，向审计委员会报告工作。审计委员会中独立董事应当占半数以上并担任召集人，且至少有一名独立董事是会计专业人士。

第二节 董事会秘书

3.2.1 上市公司应当设立董事会秘书，作为公司与本所之间的指定联络人。

公司应当设立由董事会秘书负责管理的信息披露事务部门。

3.2.2 董事会秘书对上市公司和董事会负责，履行如下职责：

（一）负责公司信息披露事务，协调公司信息披露工作，组织制订公司信息披露事务管理制度，督促公司及相关信息披露义务人遵守信息披露相关规定；

（二）负责公司投资者关系管理和股东资料管理工作，协调公司与证券监管机构、股东及实际控制人、保荐人、证券服务机构、媒体等之间的信息沟通；

（三）组织筹备董事会会议和股东大会，参加股东大会、董事会会议、监事会会议及高级管理人员相关会议，负责董事会会议记录工作并签字；

（四）负责公司信息披露的保密工作，在未公开重大信息出现泄露时，及时向本所报告并公告；

（五）关注媒体报道并主动求证真实情况，督促董事会及时回复本所所有问询；

（六）组织董事、监事和高级管理人员进行证券法律法规、本规则及相关规定的培训，协助前述人员了解各自在信息披露中的权利和义务；

（七）督促董事、监事和高级管理人员遵守法律、法规、规章、规范性文件、本规则、本所其他相关规定及公司章程，切实履行其所作出的承诺；在知悉公司作出或者可能作出违反有关规定的决议时，应当予以提醒并立即如实地向本所报告；

（八）《公司法》、《证券法》、中国证监会和本所要求履行的其他职责。

3.2.3 上市公司应当为董事会秘书履行职责提供便利条件，董事、监事、财务负责人及其他高级管理人员和公司相关人员应当支持、配合董事会秘书在信息披露方面的工作。

董事会秘书为履行职责有权了解公司的财务和经营情况，参加涉及信息披露的有关会议，查阅涉及信息披露的所有文件，并要求公司有关部门和人员及时提供相关资料和信息。

董事会秘书在履行职责过程中受到不当妨碍和严重阻挠时，可以直接向本所报告。

3.2.4 董事会秘书应当具备履行职责所必需的财务、管理、法律专业知识，具有良好的职业道德和个人品德，并取得本所颁发的董事会秘书资格证书。有下列情形之一的人士不得担任上市公司董事会秘书：

（一）有《公司法》第一百四十六条规定情形之一的；

（二）自受到中国证监会最近一次行政处罚未满三年的；

（三）最近三年受到证券交易所公开谴责或者三次以上通报批评的；

（四）本公司现任监事；

（五）本所认定不适合担任董事会秘书的其他情形。

3.2.5 上市公司应当在首次公开发行股票上市后三个月内或者原任董事会秘书离职后三个月内聘任董事会秘书。

3.2.6 上市公司应当在有关拟聘任董事会秘书的会议召开五个交易日之前将该董事会秘书的有关材料报送本所，本所自收到有关材料之日起五个交易日内未提出异议的，董事会可以聘任。

3.2.7 上市公司聘任董事会秘书之前应当向本所报送下

列资料：

（一）董事会推荐书，包括被推荐人符合本规则任职资格的说明、职务、工作表现及个人品德等内容；

（二）被推荐人的个人简历、学历证明（复印件）；

（三）被推荐人取得的董事会秘书资格证书（复印件）。

3.2.8　上市公司在聘任董事会秘书的同时，还应当聘任证券事务代表，协助董事会秘书履行职责。在董事会秘书不能履行职责时，由证券事务代表行使其权利并履行其职责，在此期间，并不当然免除董事会秘书对公司信息披露事务所负有的责任。

证券事务代表应当参加本所组织的董事会秘书资格培训并取得董事会秘书资格证书。

3.2.9　上市公司董事会正式聘任董事会秘书、证券事务代表后应当及时公告并向本所提交下列资料：

（一）董事会秘书、证券事务代表聘任书或者相关董事会决议；

（二）董事会秘书、证券事务代表的通讯方式，包括办公电话、住宅电话、移动电话、传真、通信地址及专用电子邮件信箱地址等；

（三）公司董事长的通讯方式，包括办公电话、移动电话、传真、通信地址及专用电子邮件信箱地址等。

上述有关通讯方式的资料发生变更时，公司应当及时向本所提交变更后的资料。

3.2.10　上市公司解聘董事会秘书应当具有充分理由，不得无故将其解聘。

董事会秘书被解聘或者辞职时，公司应当及时向本所报告，说明原因并公告。

董事会秘书有权就被公司不当解聘或者与辞职有关的情况，向本所提交个人陈述报告。

3.2.11　董事会秘书有下列情形之一的，上市公司应当自事实发生之日起一个月内解聘董事会秘书：

（一）出现本规则第3.2.4条所规定情形之一的；

（二）连续三个月以上不能履行职责的；

（三）在履行职责时出现重大错误或者疏漏，给投资者造成重大损失的；

（四）违反法律、行政法规、部门规章、规范性文件、本规则、本所其他相关规定或者公司章程，给投资者造成重大损失的。

3.2.12　上市公司应当在聘任董事会秘书时与其签订保密协议，要求其承诺在任职期间以及在离任后持续履行保密义务直至有关信息披露为止，但涉及公司违法违规的信息除外。

董事会秘书离任前，应当接受董事会、监事会的离任审查，在公司监事会的监督下移交有关档案文件、正在办理或者待办理事项。

3.2.13　上市公司董事会秘书空缺期间，董事会应当指定一名董事或者高级管理人员代行董事会秘书的职责，并报本所备案，同时尽快确定董事会秘书人选。公司指定代行董事会秘书职责的人员之前，由董事长代行董事会秘书职责。

董事会秘书空缺期间超过三个月之后，董事长应当代行董事会秘书职责，直至公司正式聘任董事会秘书。

3.2.14　上市公司应当保证董事会秘书在任职期间按要求参加本所组织的董事会秘书后续培训。

3.2.15　上市公司在履行信息披露义务时，应当指派董事会秘书、证券事务代表或者本规则第3.2.13条规定代行董事会秘书职责的人员负责与本所联系，办理信息披露与股权管理事务。

第四章　保荐人

4.1　本所实行股票、可转换公司债券、分离交易的可转换公司债券上市保荐制度。发行人向本所申请其首次公开发行的股票和上市后发行的新股、可转换公司债券和分离交易的可转换公司债券在本所上市，以及股票被暂停上市后公司申请其股票恢复上市、股票被终止上市后公司申请其股票重新上市的，应当由保荐人保荐。

保荐人应当为经中国证监会注册登记并列入保荐人名单，同时具有本所会员资格的证券经营机构；推荐股票恢复上市的保荐人还应当具有中国证券业协会《证券公司从事代办股份转让主办券商业务资格管理办法（试行）》中规定的从事代办股份转让主办券商业务资格。

根据中国证监会相关规定无须聘请保荐人的，从其规定。

4.2　保荐人应当与发行人签订保荐协议，明确双方在公司申请上市期间、申请恢复上市期间和持续督导期间的权利和义务。保荐协议应当约定保荐人审阅发行人信息披露文件的时点。

首次公开发行股票的，持续督导期间为股票上市当年剩余时间及其后两个完整会计年度；上市后发行新股、可转换公司债券和分离交易的可转换公司债券的，持续督导期间为股票、可转换公司债券或者分离交易的可转换公司债券上市当年剩余时间及其后一个完整会计年度；申请恢复上市的，持续督导期间为股票恢复上市当年剩余时间及其后一个完整会计年度。持续督导期间自股票、可转换公司债券或者分离交易的可转换公司债券上市之日起计算。

4.3　保荐人应当在签订保荐协议时指定两名保荐代表人具体负责保荐工作，作为保荐人与本所之间的指定联络人。

保荐代表人应当为经中国证监会注册登记并列入保荐代表人名单的自然人。

4.4 保荐人保荐股票、可转换公司债券或者分离交易的可转换公司债券上市（恢复上市除外）时，应当向本所提交上市保荐书、保荐协议、保荐人和相关保荐代表人已经中国证监会注册登记并列入保荐人和保荐代表人名单的证明文件和授权委托书，以及与上市保荐工作有关的其他文件。

保荐人推荐股票恢复上市时应当提交的文件及其内容应当符合本规则第十四章第二节的有关规定。

4.5 上市保荐书应当包括以下内容：

（一）发行股票、可转换公司债券或者分离交易的可转换公司债券的公司概况；

（二）申请上市的股票、可转换公司债券或者分离交易的可转换公司债券的发行情况；

（三）保荐人是否存在可能影响公正履行保荐职责情形的说明；

（四）保荐人按照有关规定应当承诺的事项；

（五）对公司持续督导期间的工作安排；

（六）保荐人和相关保荐代表人的联系地址、电话和其他通讯方式；

（七）保荐人认为应当说明的其他事项；

（八）本所要求的其他内容。

上市保荐书应当由保荐人的法定代表人（或者授权代表）和相关保荐代表人签字，注明日期并加盖保荐人公章。

4.6 保荐人应当督导发行人按照本规则的规定履行信息披露及其他相关义务，审阅信息披露文件及其他相关文件，并保证向本所提交的与保荐工作相关的文件真实、准确、完整，没有虚假记载、误导性陈述或者重大遗漏。

保荐人和保荐代表人应当同时督导发行人的董事、监事、高级管理人员、控股股东和实际控制人遵守本规则的规定，并履行向本所作出的承诺。

4.7 保荐人应当在发行人向本所报送信息披露文件及其他文件之前，或者履行信息披露义务后五个交易日内，完成对有关文件的审阅工作，对存在问题的信息披露文件应当及时督促发行人更正或者补充，并同时向本所报告。

4.8 保荐人履行保荐职责发表的意见应当及时告知发行人，记录于保荐工作档案。

发行人应当配合保荐人和保荐代表人的工作。

4.9 保荐人在履行保荐职责期间有充分理由确信发行人可能存在违反本规则规定的行为的，应当督促发行人作出说明并限期纠正；情节严重的，应当向本所报告。

保荐人按照有关规定对发行人违法违规事项公开发表声明的，应当于披露前向本所报告，经本所审核后在指定媒体上公告。本所对上述公告进行形式审核，对其内容的真实性不承担责任。

4.10 保荐人有充分理由确信中介机构及其签名人员按本规则规定出具的专业意见可能存在虚假记载、误导性陈述或者重大遗漏等违法违规情形或者其他不当情形的，应当及时发表意见；情节严重的，应当向本所报告。

4.11 保荐人和发行人终止保荐协议的，应当自终止之日起五个交易日内向本所报告，说明原因并由发行人发布公告。

发行人另行聘请保荐人的，应当及时向本所报告并公告。新聘请的保荐人应当及时向本所提交本规则第4.4条规定的有关文件。

4.12 保荐人更换保荐代表人的，应当通知发行人，并在五个交易日内向本所报告，说明原因并提供更换后的保荐代表人的相关资料。发行人应当在收到通知后及时披露保荐代表人变更事宜。

4.13 保荐人应当自持续督导工作结束后十个交易日内向本所报送保荐总结报告书。

4.14 保荐人、相关保荐代表人和保荐工作其他参与人员不得利用从事保荐工作期间获得的发行人尚未披露的信息进行内幕交易，为自己或者他人谋取利益。

第五章 股票和可转换公司债券上市

第一节 首次公开发行的股票上市

5.1.1 发行人首次公开发行股票后申请其股票在本所上市，应当符合下列条件：

（一）股票已公开发行；

（二）公司股本总额不少于五千万元；

（三）公开发行的股份达到公司股份总数的25%以上；公司股本总额超过四亿元的，公开发行股份的比例为10%以上；

（四）公司最近三年无重大违法行为，财务会计报告无虚假记载；

（五）本所要求的其他条件。

5.1.2 发行人向本所申请其首次公开发行的股票上市时，应当按照有关规定编制上市公告书。

5.1.3 发行人向本所申请其首次公开发行的股票上市，应当提交下列文件：

（一）上市报告书（申请书）；

（二）申请股票上市的董事会和股东大会决议；

（三）公司营业执照复印件；

（四）公司章程；

（五）依法经具有从事证券、期货相关业务资格的会计师事务所审计的发行人最近三年的财务会计报告；

（六）保荐协议和保荐人出具的上市保荐书；

（七）律师事务所出具的法律意见书；

（八）具有从事证券、期货相关业务资格的会计师事务所出具的验资报告；

（九）发行人全部股票已经中国证券登记结算有限责任公司深圳分公司（以下简称“结算公司”）托管的证明文件；

（十）董事、监事和高级管理人员持有本公司股份情况报告和“董事（监事、高级管理人员）声明及承诺书”；

（十一）发行人拟聘任或者已聘任的董事会秘书的有关资料；

（十二）控股股东和实际控制人承诺函；

（十三）公开发行前已发行股份持有人所持股份已在结算公司锁定的证明文件；

（十四）发行后至上市前按规定新增的财务资料和有关重大事件的说明文件（如适用）；

（十五）最近一次的招股说明书；

（十六）上市公告书；

（十七）本规则第 5.1.6 条所述承诺函；

（十八）本所要求的其他文件。

5.1.4　发行人及其董事、监事、高级管理人员应当保证向本所提交的上市申请文件内容真实、准确、完整，不存在虚假记载、误导性陈述或者重大遗漏。

5.1.5　发行人公开发行股票前已发行的股份，自发行人股票上市之日起一年内不得转让。

5.1.6　发行人向本所提出其首次公开发行的股票上市申请时，控股股东和实际控制人应当承诺：自发行人股票上市之日起三十六个月内，不转让或者委托他人管理其直接或者间接持有的发行人公开发行股票前已发行的股份，也不由发行人回购其直接或者间接持有的发行人公开发行股票前已发行的股份。

发行人应当在上市公告书中公告上述承诺。

自发行人股票上市之日起一年后，出现下列情形之一的，经控股股东或者实际控制人申请并经本所同意，可以豁免遵守上述承诺：

（一）转让双方存在实际控制关系，或者均受同一控制人所控制；

（二）因上市公司陷入危机或者面临严重财务困难，受让人提出的挽救公司的重组方案获得该公司股东大会审议通过和有关部门批准，且受让人承诺继续遵守上述承诺；

（三）本所认定的其他情形。

5.1.7　本所在收到全套上市申请文件后七个交易日内，作出是否同意上市的决定。出现特殊情况时，本所可以暂缓作出决定。

5.1.8　本所设立上市委员会对上市申请进行审议，作出独立的专业判断并形成审核意见，本所根据上市委员会意见作出是否同意上市的决定。

本规则第5.1.1条所列第（一）项至第（四）项条件为在本所上市的必备条件，本所并不保证发行人符合上述条件时，其上市申请一定能够获得本所同意。

5.1.9　首次公开发行的股票上市申请获得本所同意后，发行人应当于其股票上市前五个交易日内，在指定媒体上披露下列文件：

（一）上市公告书；

（二）公司章程；

（三）申请股票上市的股东大会决议；

（四）法律意见书；

（五）上市保荐书。

上述文件应当置备于公司住所，供公众查阅。

发行人在提出上市申请期间，未经本所同意，不得擅自披露与上市有关的信息。

第二节　上市公司新股和可转换公司债券的发行与上市

5.2.1　上市公司向本所申请办理新股、可转换公司债券或者分离交易的可转换公司债券发行事宜时，应当提交下列文件：

（一）中国证监会的核准文件；

（二）经中国证监会审核的全部发行申报材料；

（三）发行的预计时间安排；

（四）发行具体实施方案和发行公告；

（五）相关招股意向书或者募集说明书；

（六）本所要求的其他文件。

5.2.2　上市公司应当按照中国证监会有关规定，编制并及时披露涉及新股、可转换公司债券或者分离交易的可转换公司债券发行的相关公告。

5.2.3　发行完成后，上市公司可以向本所申请新股、可转换公司债券或者分离交易的可转换公司债券上市。

5.2.4　上市公司申请可转换公司债券在本所上市，应当符合下列条件：

（一）可转换公司债券的期限为一年以上；

（二）可转换公司债券实际发行额不少于五千万元；

（三）申请可转换公司债券上市时仍符合法定的公司债券发行条件。

5.2.5　上市公司申请分离交易的可转换公司债券中公司债券和认股权证在本所上市，应当符合下列条件：

（一）公司最近一期末经审计的净资产不低于十五亿元；

（二）分离交易的可转换公司债券中公司债券的期限为一年以上；

（三）分离交易的可转换公司债券中公司债券的实际发行额不少于五千万元；

（四）分离交易的可转换公司债券中的认股权证自上市之日起存续时间不少于六个月；

（五）申请分离交易的可转换公司债券中公司债券和认股权证上市时公司仍符合法定的分离交易的可转换公司债券发行条件。

5.2.6　上市公司申请新股、可转换公司债券或者分离交易的可转换公司债券上市，应当按照有关规定编制上市公告书；申请新股上市的，还应当编制股份变动报告书。

5.2.7　上市公司向本所申请新股上市时，应当提交下列文件：

（一）上市报告书（申请书）；

（二）保荐协议或者财务顾问协议；

（三）保荐人出具的上市保荐书或者财务顾问报告；

（四）发行完成后经具有从事证券、期货相关业务资格的会计师事务所出具的验资报告；

（五）结算公司对新增股份已登记托管的书面确认文件；

（六）董事、监事和高级管理人员持股情况变动的报告（如适用）；

（七）股份变动报告及上市公告书；

（八）本所要求的其他文件。

5.2.8　上市公司向本所申请可转换公司债券上市时，应当提交下列文件：

（一）上市报告书（申请书）；

（二）申请可转换公司债券上市的董事会决议；

（三）保荐协议和保荐人出具的上市保荐书；

（四）法律意见书；

（五）发行完成后经具有从事证券、期货相关业务资格的会计师事务所出具的验资报告；

（六）结算公司对可转换公司债券已登记托管的书面确认文件；

（七）可转换公司债券募集办法（募集说明书）；

（八）公司关于可转换公司债券的实际发行数额的说明；

（九）本所要求的其他文件。

5.2.9 上市公司向本所申请分离交易的可转换公司债券中公司债券和认股权证上市时，应当提交下列文件：

（一）分离交易的可转换公司债券中公司债券和认股权证上市申请书；

（二）申请分离交易的可转换公司债券中公司债券和认股权证上市的董事会决议；

（三）保荐协议和保荐人出具的上市保荐书；

（四）法律意见书；

（五）发行完成后经具有从事证券、期货相关业务资格的会计师事务所出具的验资报告；

（六）结算公司对分离交易的可转换公司债券中公司债券和认股权证已登记托管的书面确认文件；

（七）分离交易的可转换公司债券中公司债券和认股权证上市公告书；

（八）董事、监事和高级管理人员持有标的证券和权证的情况报告、禁售申请；

（九）分离交易的可转换公司债券募集办法（募集说明书）；

（十）公司关于分离交易的可转换公司债券的实际发行情况说明；

（十一）本所要求的其他文件。

5.2.10 上市公司在本所同意其新股、可转换公司债券或者分离交易的可转换公司债券上市的申请后，应当在新股、可转换公司债券或者分离交易的可转换公司债券上市前五个交易日内，在指定媒体上披露下列文件：

（一）上市公告书；

（二）股份变动报告书（适用于新股上市）；

（三）本所要求的其他文件和事项。

第三节　有限售条件的股份上市流通

5.3.1　上市公司向本所申请内部职工股上市时，应当提交下列文件：

（一）上市申请书；

（二）中国证监会关于内部职工股上市时间的批文；

（三）有关内部职工股的持股情况说明及托管证明；

（四）有关公司董事、监事和高级管理人员持股情况说明；

（五）内部职工股上市提示公告；

（六）本所要求的其他文件。

5.3.2　经本所同意后，上市公司应当在内部职工股上市前三个交易日内披露上市提示公告。上市提示公告应当包括以下内容：

（一）上市日期、本次上市股份数量，董事、监事和高级管理人员持股数；

（二）发行价格；

（三）历次股份变动情况；

（四）持有内部职工股人数。

5.3.3　上市公司向本所申请证券投资基金、法人、战略投资者配售的股份上市流通时，应当向本所提交下列文件：

（一）上市流通申请书；

（二）有关向证券投资基金、法人、战略投资者配售的股份说明；

（三）上市流通提示性公告；

（四）本所要求的其他文件。

5.3.4 经本所同意后，上市公司应当在配售的股份上市流通前三个交易日内披露流通提示性公告。上市流通提示性公告应当包括以下内容：

（一）配售股份的上市流通时间；

（二）配售股份的上市流通数量；

（三）配售股份的发行价格；

（四）公司的历次股份变动情况。

5.3.5 上市公司向本所申请股权分置改革后有限售条件的股份上市流通时，应当向本所提交下列文件：

（一）上市流通申请书；

（二）有限售条件股份的持有人的持股情况说明及托管情况；

（三）有限售条件股份的持有人的有关限售承诺；

（四）限售条件已解除的证明文件；

（五）有限售条件股份上市流通的提示性公告；

（六）本所要求的其他文件。

5.3.6 经本所同意后，上市公司应当在有限售条件的股份上市流通前三个交易日内披露提示性公告，上市流通提示性公告包括以下内容：

（一）限售股份的上市流通时间和数量；

（二）有关股东所作出的限售承诺及其履行情况；

（三）本所要求的其他内容。

5.3.7 上市公司向本所申请其他有限售条件的股份上市流通的，参照本章相关规定办理。

第六章　定期报告

6.1　上市公司应当披露的定期报告包括年度报告、半年度报告和季度报告。

上市公司应当在法律、行政法规、部门规章、规范性文件以及本规则规定的期限内，按照中国证监会及本所的有关规定编制并披露定期报告。

6.2　上市公司应当在每个会计年度结束之日起四个月内披露年度报告，应当在每个会计年度的上半年结束之日起两个月内披露半年度报告，应当在每个会计年度前三个月、九个月结束后的一个月内披露季度报告。

公司第一季度季度报告的披露时间不得早于公司上一年度的年度报告披露时间。

公司预计不能在规定期限内披露定期报告的，应当及时向本所报告，并公告不能按期披露的原因、解决方案及延期披露的最后期限。

6.3　上市公司应当与本所约定定期报告的披露时间，本所根据均衡披露原则统筹安排各公司定期报告披露顺序。

公司应当按照本所安排的时间办理定期报告披露事宜。因故需变更披露时间的，应当提前五个交易日向本所提出书面申请，陈述变更理由，并明确变更后的披露时间，本所视情形决定是否予以调整。本所原则上只接受一次变更申请。

6.4　上市公司董事会应当确保公司定期报告的按时披露，因故无法形成有关定期报告的董事会决议的，应当以董事会公告的方式对外披露相关事项，说明无法形成董事会决议的具体原因和存在的风险。

公司不得披露未经董事会审议通过的定期报告。

6.5　上市公司董事会应当按照中国证监会和本所关于定

期报告的有关规定，组织有关人员安排落实定期报告的编制和披露工作。

公司经理、财务负责人、董事会秘书等高级管理人员应当及时编制定期报告提交董事会审议；公司董事、高级管理人员应当依法对公司定期报告是否真实、准确、完整签署书面确认意见；公司监事会应当依法对董事会编制的公司定期报告进行审核并提出书面审核意见。

6.6　上市公司的董事、监事、高级管理人员不得以任何理由拒绝对公司定期报告签署书面意见影响定期报告的按时披露。

公司董事会不得以任何理由影响公司定期报告的按时披露。

负责公司定期报告审计工作的会计师事务所，不得无故拖延审计工作影响公司定期报告的按时披露。

6.7　上市公司聘请为其提供会计报表审计、净资产验证及其他相关服务的会计师事务所应当具有执行证券、期货相关业务的资格。

公司聘请或者解聘会计师事务所必须由股东大会决定，董事会不得在股东大会决定前委任会计师事务所。

公司解聘或者不再续聘会计师事务所时，应当事先通知会计师事务所。公司股东大会就解聘会计师事务所进行表决时，会计师事务所可以陈述意见。会计师事务所提出辞聘的，应当向股东大会说明公司有无不当情形。

6.8　上市公司年度报告中的财务会计报告必须经具有从事证券、期货相关业务资格的会计师事务所审计。

公司半年度报告中的财务会计报告可以不经审计，但有下列情形之一的，公司应当审计：

（一）拟在下半年进行利润分配、公积金转增股本或者弥补亏损的；

（二）中国证监会或者本所认为应当进行审计的其他情形。

公司季度报告中的财务资料无须审计，但中国证监会或者本所另有规定的除外。

6.9 上市公司应当在定期报告经董事会审议后及时向本所报送，并提交下列文件：

（一）年度报告全文及其摘要、半年度报告全文及其摘要或者季度报告全文及正文；

（二）审计报告原件（如适用）；

（三）董事会和监事会决议及其公告文稿；

（四）按本所要求制作的载有定期报告和财务数据的电子文件；

（五）本所要求的其他文件。

6.10 在公司定期报告披露前出现业绩泄漏，或者因业绩传闻导致公司股票及其衍生品种交易异常波动的，上市公司应当及时披露本报告期相关财务数据（无论是否已经审计），包括营业收入、营业利润、利润总额、净利润、总资产和净资产等。

6.11 按照中国证监会《公开发行证券的公司信息披露编报规则第14号——非标准无保留审计意见及其涉及事项的处理》的规定，上市公司的财务会计报告被注册会计师出具非标准无保留审计意见的，公司在报送定期报告的同时应当向本所提交下列文件：

（一）董事会针对该审计意见涉及事项所做的专项说明，审议此专项说明的董事会决议以及决议所依据的材料；

（二）独立董事对审计意见涉及事项的意见；

（三）监事会对董事会有关说明的意见和相关的决议；

（四）负责审计的会计师事务所及注册会计师出具的专项说明；

（五）中国证监会和本所要求的其他文件。

6.12 负责审计的会计师事务所和注册会计师按本规则第6.10条出具的专项说明应当至少包括以下内容：

（一）出具非标准无保留审计意见的依据和理由；

（二）非标准无保留审计意见涉及事项对报告期公司财务状况和经营成果影响的具体金额，若影响的金额导致公司盈亏性质发生变化的，应当明确说明；

（三）非标准无保留意见涉及事项是否明显违反会计准则及相关信息披露规范性规定。

6.13 本规则第6.10条所述非标准无保留审计意见涉及事项不属于明显违反会计准则及相关信息披露规范性规定的，上市公司董事会应当按照《公开发行证券的公司信息披露编报规则第14号——非标准无保留审计意见及其涉及事项的处理》的规定，在相应定期报告中对该审计意见涉及事项作出详细说明。

6.14 本规则第6.10条所述非标准无保留审计意见涉及事项属于明显违反会计准则及相关信息披露规范性规定的，上市公司应当对有关事项进行纠正，重新审计，并在本所规定的期限内披露纠正后的财务会计报告和有关审计报告。

公司未在本所规定的期限内披露经纠正和调整的财务会计报告和有关审计报告的，本所报中国证监会调查处理。

公司对上述事项进行纠正和调整期间不计入本所作出有关决定的期限之内。

6.15 上市公司应当认真对待本所对其定期报告的事后审核意见，及时回复本所的问询，并按要求对定期报告有关内容作出解释和说明。如需披露更正或者补充公告并修改定期报告的，公司应当在履行相应程序后公告，并在指定网站上披露修改后的定期报告全文。

6.16 发行可转换公司债券的上市公司按照本章规定所编

制的年度报告和半年度报告还应当包括以下内容：

（一）转股价格历次调整的情况，经调整后的最新转股价格；

（二）可转换公司债券发行后累计转股的情况；

（三）前十名可转换公司债券持有人的名单和持有量；

（四）担保人盈利能力、资产状况和信用状况发生重大变化的情况；

（五）公司的负债情况、资信变化情况以及在未来年度还债的现金安排；

（六）中国证监会和本所规定的其他内容。

第七章　临时报告的一般规定

7.1　临时报告是指上市公司按照法律、行政法规、部门规章、规范性文件、本规则和本所的其他相关规定发布的除定期报告以外的公告。

临时报告披露内容同时涉及本规则第八章、第九章、第十章和第十一章所述重大事件的，其披露要求和相关审议程序应当同时符合前述各章的相关规定。

临时报告（监事会公告除外）应当加盖董事会公章并由公司董事会发布。

7.2　上市公司应当及时向本所报送并披露临时报告，临时报告涉及的相关备查文件应当同时在本所指定网站上披露（如中介机构报告等文件）。

7.3　上市公司应当在临时报告所涉及的重大事件最先触及下列任一时点后及时履行首次披露义务：

（一）董事会或者监事会作出决议时；

（二）签署意向书或者协议（无论是否附加条件或者期限）时；

（三）公司（含任一董事、监事或者高级管理人员）知悉或者理应知悉重大事件发生时。

7.4　对上市公司股票及其衍生品种交易价格可能产生较大影响的重大事件正处于筹划阶段，虽然尚未触及本规则第7.3条规定的时点，但出现下列情形之一的，公司应当及时披露相关筹划情况和既有事实：

（一）该事件难以保密；

（二）该事件已经泄漏或者市场出现有关该事件的传闻；

（三）公司股票及其衍生品种交易已发生异常波动。

7.5　上市公司按照本规则第7.3条规定首次披露临时报告时，应当按照本规则规定的披露要求和本所制定的相关格式指引予以公告。在编制公告时若相关事实尚未发生的，公司应当严格按要求公告既有事实，待相关事实发生后，再按照本规则和相关格式指引的要求披露完整的公告。

7.6　上市公司按照本规则第7.3条或者第7.4条规定履行首次披露义务后，还应当按照以下规定持续披露有关重大事件的进展情况：

（一）董事会、监事会或者股东大会就已披露的重大事件作出决议的，应当及时披露决议情况。

（二）公司就已披露的重大事件与有关当事人签署意向书或者协议的，应当及时披露意向书或者协议的主要内容。

上述意向书或者协议的内容或者履行情况发生重大变更，或者被解除、终止的，公司应当及时披露变更、解除或者终止的情况和原因。

（三）已披露的重大事件获得有关部门批准或者被否决的，应当及时披露批准或者否决情况。

（四）已披露的重大事件出现逾期付款情形的，应当及时披露逾期付款的原因和相关付款安排。

（五）已披露的重大事件涉及主要标的尚待交付或者过户

的，应当及时披露有关交付或者过户事宜。

超过约定交付或者过户期限三个月仍未完成交付或者过户的，应当及时披露未如期完成的原因、进展情况和预计完成的时间，并在此后每隔三十日公告一次进展情况，直至完成交付或者过户。

（六）已披露的重大事件出现可能对上市公司股票及其衍生品种交易价格产生较大影响的其他进展或者变化的，应当及时披露事件的进展或者变化情况。

7.7　上市公司按照本规则第 7.3 条或者第 7.4 条规定报送的临时报告不符合本规则要求的，公司应当先披露提示性公告，解释未能按照要求披露的原因，并承诺在两个交易日内披露符合要求的公告。

7.8　上市公司控股子公司发生的本规则第九章、第十章和第十一章所述重大事件，视同上市公司发生的重大事件，适用前述各章的规定。

上市公司参股公司发生本规则第九章、第十一章所述重大事件，或者与上市公司的关联人发生第十章所述的有关交易，可能对上市公司股票及其衍生品种交易价格产生较大影响的，公司应当参照前述各章的规定，履行信息披露义务。

第八章　董事会、监事会和股东大会决议

第一节　董事会和监事会决议

8.1.1　上市公司召开董事会会议，应当在会议结束后及时将董事会决议（包括所有提案均被否决的董事会决议）报送本所备案。董事会决议应当经与会董事签字确认。

本所要求提供董事会会议记录的，公司应当按本所要求提供。

8.1.2 董事会决议涉及须经股东大会表决的事项或者本规则第六章、第九章、第十章和第十一章所述重大事件的，上市公司应当及时披露；董事会决议涉及本所认为有必要披露的其他事项的，上市公司也应当及时披露。

8.1.3 董事会决议涉及的本规则第六章、第九章、第十章和第十一章所述重大事件，需要按照中国证监会有关规定或者本所制定的公告格式指引进行公告的，上市公司应当分别披露董事会决议公告和相关重大事件公告。

8.1.4 董事会决议公告应当包括以下内容：

（一）会议通知发出的时间和方式；

（二）会议召开的时间、地点、方式，以及是否符合有关法律、行政法规、部门规章、规范性文件和公司章程规定的说明；

（三）委托他人出席和缺席的董事人数和姓名、缺席的理由和受托董事姓名；

（四）每项议案获得的同意、反对和弃权的票数以及有关董事反对或者弃权的理由；

（五）涉及关联交易的，说明应当回避表决的董事姓名、理由和回避情况；

（六）需要独立董事事前认可或者独立发表意见的，说明事前认可情况或者所发表的意见；

（七）审议事项的具体内容和会议形成的决议。

8.1.5 上市公司召开监事会会议，应当在会议结束后及时将监事会决议报送本所备案，经本所登记后公告。

监事会决议应当经过与会监事签字确认。监事应当保证监事会决议公告的内容真实、准确、完整，没有虚假记载、误导性陈述或者重大遗漏。

8.1.6 监事会决议公告应当包括以下内容：

（一）会议召开的时间、地点、方式，以及是否符合有关法律、行政法规、部门规章、规范性文件和公司章程规定的说明；

（二）委托他人出席和缺席的监事人数、姓名、缺席的理由和受托监事姓名；

（三）每项议案获得的同意、反对、弃权票数，以及有关监事反对或者弃权的理由；

（四）审议事项的具体内容和会议形成的决议。

第二节　股东大会决议

8.2.1　上市公司应当在年度股东大会召开二十日前或者临时股东大会召开十五日前，以公告方式向股东发出股东大会通知。股东大会通知中应当列明会议召开的时间、地点、方式以及会议召集人和股权登记日等事项，并充分、完整地披露所有提案的具体内容。公司还应当同时在本所指定网站上披露有助于股东对拟讨论的事项作出合理判断所必需的其他资料。

8.2.2　上市公司应当在股东大会结束当日，将股东大会决议公告文稿、股东大会决议和法律意见书报送本所，经本所登记后披露股东大会决议公告。

本所要求提供股东大会会议记录的，上市公司应当按本所要求提供。

8.2.3　上市公司发出股东大会通知后，无正当理由不得延期或者取消股东大会，通知中列明的提案不得取消。一旦出现延期或者取消的情形，上市公司应当在原定召开日期的至少二个交易日之前发布通知，说明延期或者取消的具体原因。延期召开股东大会的，上市公司应当在通知中公布延期后的召开日期。

8.2.4　股东大会召开前股东提出临时提案的，上市公司应当在规定时间内发出股东大会补充通知，披露提出临时提案的股东姓名或者名称、持股比例和新增提案的内容。

8.2.5　股东自行召集股东大会的，应当在发出股东大会通知前书面通知上市公司董事会并将有关文件报送本所备案。

在公告股东大会决议前，召集股东持股比例不得低于公司总股份的10%，召集股东应当在发出股东大会通知前申请在上述期间锁定其持有的公司股份。

股东大会会议期间发生突发事件导致会议不能正常召开的，上市公司应当立即向本所报告，说明原因并披露相关情况以及律师出具的专项法律意见书。

8.2.6　股东大会决议公告应当包括以下内容：

（一）会议召开的时间、地点、方式、召集人和主持人，以及是否符合有关法律、行政法规、部门规章、规范性文件和公司章程的说明。

（二）出席会议的股东（代理人）人数、所持（代理）股份及占上市公司有表决权总股份的比例。未完成股权分置改革的上市公司还应当披露流通股股东和非流通股股东分别出席会议情况。

（三）每项提案的表决方式。

（四）每项提案的表决结果。对股东提案作出决议的，应当列明提案股东的名称或者姓名、持股比例和提案内容；涉及关联交易事项的，应当说明关联股东回避表决情况；未完成股权分置改革的上市公司还应披露流通股股东和非流通股股东分别对每项提案同意、反对、弃权的股份数，涉及需要流通股股东单独表决的提案，应当专门作出说明。

（五）发行境内上市外资股或者同时有证券在境外证券交易所上市的公司，还应当说明股东大会通知情况、内资股股东和外资股股东分别出席会议及表决情况。

法律意见书的结论性意见，若股东大会出现否决提案的，应当披露法律意见书全文。

8.2.7　上市公司在股东大会上不得披露、泄漏未公开重大信息。

第九章　应披露的交易

9.1　本章所称“交易”包括下列事项：

（一）购买或者出售资产；

（二）对外投资（含委托理财、委托贷款、对子公司投资等）；

（三）提供财务资助；

（四）提供担保；

（五）租入或者租出资产；

（六）签订管理方面的合同（含委托经营、受托经营等）；

（七）赠予或者受赠资产；

（八）债权或者债务重组；

（九）研究与开发项目的转移；

（十）签订许可协议；

（十一）本所认定的其他交易。

上述购买、出售的资产不含购买原材料、燃料和动力，以及出售产品、商品等与日常经营相关的资产，但资产置换中涉及购买、出售此类资产的，仍包含在内。

9.2　上市公司发生的交易达到下列标准之一的，应当及时披露：

（一）交易涉及的资产总额占上市公司最近一期经审计总资产的 10% 以上，该交易涉及的资产总额同时存在账面值和评估值的，以较高者作为计算数据；

（二）交易标的（如股权）在最近一个会计年度相关的营业收入占上市公司最近一个会计年度经审计营业收入的 10% 以上，且绝对金额超过一千万元；

（三）交易标的（如股权）在最近一个会计年度相关的净

利润占上市公司最近一个会计年度经审计净利润的10%以上，且绝对金额超过一百万元；

（四）交易的成交金额（含承担债务和费用）占上市公司最近一期经审计净资产的10%以上，且绝对金额超过一千万元；

（五）交易产生的利润占上市公司最近一个会计年度经审计净利润的10%以上，且绝对金额超过一百万元。

上述指标计算中涉及的数据如为负值，取其绝对值计算。

9.3　上市公司发生的交易（上市公司受赠现金资产除外）达到下列标准之一的，上市公司除应当及时披露外，还应当提交股东大会审议：

（一）交易涉及的资产总额占上市公司最近一期经审计总资产的50%以上，该交易涉及的资产总额同时存在账面值和评估值的，以较高者作为计算数据；

（二）交易标的（如股权）在最近一个会计年度相关的营业收入占上市公司最近一个会计年度经审计营业收入的50%以上，且绝对金额超过五千万元；

（三）交易标的（如股权）在最近一个会计年度相关的净利润占上市公司最近一个会计年度经审计净利润的50%以上，且绝对金额超过五百万元；

（四）交易的成交金额（含承担债务和费用）占上市公司最近一期经审计净资产的50%以上，且绝对金额超过五千万元；

（五）交易产生的利润占上市公司最近一个会计年度经审计净利润的50%以上，且绝对金额超过五百万元。

上述指标计算中涉及的数据如为负值，取其绝对值计算。

9.4　上市公司与同一交易方同时发生本规则第9.1条第（二）项至第（四）项以外各项中方向相反的两个交易时，应当按照其中单个方向的交易涉及指标中较高者计算披露标准。

9.5　交易标的为股权，且购买或者出售该股权将导致上市公司合并报表范围发生变更的，该股权对应公司的全部资产和营业收入视为本规则第 9.2 条和第 9.3 条所述交易涉及的资产总额和与交易标的相关的营业收入。

9.6　上市公司发生的交易仅达到本规则第 9.3 条第（三）项或者第（五）项标准，且上市公司最近一个会计年度每股收益的绝对值低于零点零五元的，上市公司可以向本所申请豁免适用第 9.3 条提交股东大会审议的规定。

9.7　对于达到本规则第 9.3 条规定标准的交易，若交易标的为公司股权，上市公司应当聘请具有从事证券、期货相关业务资格会计师事务所对交易标的最近一年又一期财务会计报告进行审计，审计截止日距协议签署日不得超过六个月；若交易标的为股权以外的其他资产，公司应当聘请具有从事证券、期货相关业务资格资产评估机构进行评估，评估基准日距协议签署日不得超过一年。

对于未达到 9.3 条规定标准的交易，若本所认为有必要的，公司也应当按照前款规定，聘请相关会计师事务所或者资产评估机构进行审计或者评估。

9.8　上市公司发生本规则第 9.1 条规定的“购买或者出售资产”交易时，应当以资产总额和成交金额中的较高者作为计算标准，并按交易事项的类型在连续十二个月内累计计算，经累计计算达到最近一期经审计总资产 30% 的，除应当披露并参照本规则第 9.7 条进行审计或者评估外，还应当提交股东大会审议，并经出席会议的股东所持表决权的三分之二以上通过。

已按照前款规定履行相关义务的，不再纳入相关的累计计算范围。

9.9　上市公司对外投资设立有限责任公司或者股份有限公司，应当以协议约定的全部出资额为标准适用本规则第 9.2

条和第 9.3 条的规定。

9.10　上市公司发生本规则第 9.1 条规定的“提供财务资助”和“委托理财”等事项时，应当以发生额作为计算标准，并按交易事项的类型在连续十二个月内累计计算，经累计计算达到本规则第 9.2 条或者第 9.3 条标准的，适用第 9.2 条或者第 9.3 条的规定。

已按照第 9.2 条或者第 9.3 条规定履行相关义务的，不再纳入相关的累计计算范围。

9.11　上市公司发生本规则第 9.1 条规定的“提供担保”事项时，应当经董事会审议后及时对外披露。

“提供担保”事项属于下列情形之一的，还应当在董事会审议通过后提交股东大会审议：

（一）单笔担保额超过上市公司最近一期经审计净资产 10% 的担保；

（二）上市公司及其控股子公司的对外担保总额，超过上市公司最近一期经审计净资产 50% 以后提供的任何担保；

（三）为资产负债率超过 70% 的担保对象提供的担保；

（四）连续十二个月内担保金额超过公司最近一期经审计总资产的 30%；

（五）连续十二个月内担保金额超过公司最近一期经审计净资产的 50% 且绝对金额超过五千万元；

（六）对股东、实际控制人及其关联人提供的担保；

（七）本所或者公司章程规定的其他担保情形。

董事会审议担保事项时，应当经出席董事会会议的三分之二以上董事审议同意。股东大会审议前款第（四）项担保事项时，应当经出席会议的股东所持表决权的三分之二以上通过。

股东大会在审议为股东、实际控制人及其关联人提供的担保议案时，该股东或者受该实际控制人支配的股东，不得参与该项表决，该项表决须经出席股东大会的其他股东所持表决权的半数以上通过。

9.12 上市公司在十二个月内发生的交易标的相关的同类交易，应当按照累计计算的原则适用本规则第 9.2 条或者第 9.3 条规定。

已按照 9.2 条或者 9.3 条规定履行相关义务的，不再纳入相关的累计计算范围。

9.13 对于已披露的担保事项，上市公司还应当在出现下列情形之一时及时披露：

（一）被担保人于债务到期后十五个交易日内未履行还款义务的；

（二）被担保人出现破产、清算及其他严重影响还款能力情形的。

9.14 上市公司披露交易事项时，应当向本所提交下列文件：

（一）公告文稿；

（二）与交易有关的协议书或者意向书；

（三）董事会决议、独立董事意见及董事会决议公告文稿（如适用）；

（四）交易涉及的政府批文（如适用）；

（五）中介机构出具的专业报告（如适用）；

（六）本所要求的其他文件。

9.15 上市公司应当根据交易事项的类型，披露下述所有适用其交易的有关内容：

（一）交易概述和交易各方是否存在关联关系的说明；对于按照累计计算原则达到标准的交易，还应当简要介绍各单项交易情况和累计情况。

（二）交易对方的基本情况。

（三）交易标的的基本情况，包括标的的名称、账面值、评估值、运营情况、有关资产是否存在抵押、质押或者其他第三人权利、是否存在涉及有关资产的重大争议、诉讼或者仲裁事项、是否存在查封、冻结等司法措施。

交易标的为股权的，还应当说明该股权对应的公司的基本情况和最近一年又一期经审计的资产总额、负债总额、净资产、营业收入和净利润等财务数据。

出售控股子公司股权导致上市公司合并报表范围变更的，还应当说明上市公司是否存在为该子公司提供担保、委托该子公司理财，以及该子公司占用上市公司资金等方面的情况；如存在，应当披露前述事项涉及的金额、对上市公司的影响和解决措施。

（四）交易协议的主要内容，包括成交金额、支付方式（如现金、股权、资产置换等）、支付期限或者分期付款的安排、协议的生效条件、生效时间以及有效期限等；交易协议有任何形式的附加或者保留条款，应当予以特别说明。

交易须经股东大会或者有权部门批准的，还应当说明需履行的合法程序及其进展情况。

（五）交易定价依据、支出款项的资金来源。

（六）交易标的的交付状态、交付和过户时间。

（七）公司预计从交易中获得的利益（包括潜在利益），以及交易对公司本期和未来财务状况和经营成果的影响。

（八）关于交易对方履约能力的分析。

（九）交易涉及的人员安置、土地租赁、债务重组等情况。

（十）关于交易完成后可能产生关联交易情况的说明。

（十一）关于交易完成后可能产生同业竞争及相关应对措施的说明。

（十二）中介机构及其意见。

（十三）本所要求的有助于说明交易实质的其他内容。

9.16　上市公司披露提供担保事项，除适用本规则第9.15条的规定外，还应当披露截至公告日上市公司及其控股子公司对外担保总额、上市公司对控股子公司提供担保的总额、上述数额分别占上市公司最近一期经审计净资产的比例。

9.17　上市公司与其合并报表范围内的控股子公司发生的或者上述控股子公司之间发生的交易，除中国证监会或者本所另有规定外，免于按照本章规定披露和履行相应程序。

第十章　关联交易

第一节　关联交易及关联人

10.1.1　上市公司的关联交易，是指上市公司或者其控股子公司与上市公司关联人之间发生的转移资源或者义务的事项，包括：

（一）本规则第9.1条规定的交易事项；

（二）购买原材料、燃料、动力；

（三）销售产品、商品；

（四）提供或者接受劳务；

（五）委托或者受托销售；

（六）关联双方共同投资；

（七）其他通过约定可能造成资源或者义务转移的事项。

10.1.2　上市公司的关联人包括关联法人和关联自然人。

10.1.3　具有下列情形之一的法人或者其他组织，为上市公司的关联法人：

（一）直接或者间接地控制上市公司的法人或者其他组织；

（二）由前项所述法人直接或者间接控制的除上市公司及其控股子公司以外的法人或者其他组织；

（三）由本规则第10.1.5条所列上市公司的关联自然人直接或者间接控制的，或者担任董事、高级管理人员的，除上市公司及其控股子公司以外的法人或者其他组织；

（四）持有上市公司5%以上股份的法人或者其他组织及其一致行动人；

（五）中国证监会、本所或者上市公司根据实质重于形式的原则认定的其他与上市公司有特殊关系，可能或者已经造成上市公司对其利益倾斜的法人或者其他组织。

10.1.4　上市公司与本规则第10.1.3条第（二）项所列法人受同一国有资产管理机构控制而形成第10.1.3条第（二）项所述情形的，不因此构成关联关系，但该法人的董事长、总经理或者半数以上的董事属于第10.1.5条第（二）项所列情形者除外。

10.1.5　具有下列情形之一的自然人，为上市公司的关联自然人：

（一）直接或者间接持有上市公司5%以上股份的自然人；

（二）上市公司董事、监事及高级管理人员；

（三）本规则第10.1.3条第（一）项所列法人的董事、监事及高级管理人员；

（四）本条第（一）项、第（二）项所述人士的关系密切的家庭成员，包括配偶、父母及配偶的父母、兄弟姐妹及其配偶、年满十八周岁的子女及其配偶、配偶的兄弟姐妹和子女配偶的父母；

（五）中国证监会、本所或者上市公司根据实质重于形式的原则认定的其他与上市公司有特殊关系，可能造成上市公司对其利益倾斜的自然人。

10.1.6　具有下列情形之一的法人或者自然人，视同为上市公司的关联人：

（一）因与上市公司或者其关联人签署协议或者作出安

排，在协议或者安排生效后，或者在未来十二个月内，具有本规则第 10. 1. 3 条或者第 10. 1. 5 条规定情形之一的；

（二）过去十二个月内，曾经具有本规则第 10. 1. 3 条或者第 10. 1. 5 条规定情形之一的。

10. 1. 7　上市公司董事、监事、高级管理人员、持股 5% 以上的股东及其一致行动人、实际控制人，应当将与其存在关联关系的关联人情况及时告知上市公司。

公司应当及时将上述关联人情况报本所备案。

第二节　关联交易的程序与披露

10. 2. 1　上市公司董事会审议关联交易事项时，关联董事应当回避表决，也不得代理其他董事行使表决权。该董事会会议由过半数的非关联董事出席即可举行，董事会会议所做决议须经非关联董事过半数通过。出席董事会的非关联董事人数不足三人的，上市公司应当将该交易提交股东大会审议。

前款所称关联董事包括下列董事或者具有下列情形之一的董事：

（一）交易对方；

（二）在交易对方任职，或者在能直接或者间接控制该交易对方的法人或者其他组织、该交易对方直接或者间接控制的法人或者其他组织任职；

（三）拥有交易对方的直接或者间接控制权的；

（四）交易对方或者其直接或者间接控制人的关系密切的家庭成员（具体范围参见本规则第 10. 1. 5 条第（四）项的规定）；

（五）交易对方或者其直接或者间接控制人的董事、监事和高级管理人员的关系密切的家庭成员（具体范围参见本规则第 10. 1. 5 条第（四）项的规定）；

（六）中国证监会、本所或者上市公司认定的因其他原因使其独立的商业判断可能受到影响的人士。

10.2.2　股东大会审议关联交易事项时，下列股东应当回避表决：

（一）交易对方。

（二）拥有交易对方直接或者间接控制权的。

（三）被交易对方直接或者间接控制的。

（四）与交易对方受同一法人或者自然人直接或者间接控制的。

（五）在交易对方任职，或者在能直接或者间接控制该交易对方的法人单位或者该交易对方直接或者间接控制的法人单位任职的（适用于股东为自然人的）。

（六）因与交易对方或者其关联人存在尚未履行完毕的股权转让协议或者其他协议而使其表决权受到限制或者影响的。

（七）中国证监会或者本所认定的可能造成上市公司对其利益倾斜的法人或者自然人。

10.2.3　上市公司与关联自然人发生的交易金额在三十万元以上的关联交易，应当及时披露。

公司不得直接或者通过子公司向董事、监事、高级管理人员提供借款。

10.2.4　上市公司与关联法人发生的交易金额在三百万元以上，且占上市公司最近一期经审计净资产绝对值0.5%以上的关联交易，应当及时披露。

10.2.5　上市公司与关联人发生的交易（上市公司获赠现金资产和提供担保除外）金额在三千万元以上，且占上市公司最近一期经审计净资产绝对值5%以上的关联交易，除应当及时披露外，还应当比照本规则第9.7条的规定聘请具有从事证券、期货相关业务资格的中介机构，对交易标的进行评估或者审计，并将该交易提交股东大会审议。

本规则第10.2.11条所述与日常经营相关的关联交易所涉

及的交易标的，可以不进行审计或者评估。

10.2.6　上市公司为关联人提供担保的，不论数额大小，均应当在董事会审议通过后提交股东大会审议。

10.2.7　上市公司披露关联交易事项时，应当向本所提交下列文件：

（一）公告文稿；

（二）本规则第 9.14 条第（二）项至第（五）项所列文件；

（三）独立董事事前认可该交易的书面文件；

（四）独立董事意见；

（五）本所要求提供的其他文件。

10.2.8　上市公司披露的关联交易公告应当包括以下内容：

（一）交易概述及交易标的的基本情况。

（二）独立董事的事前认可情况和发表的独立意见。

（三）董事会表决情况（如适用）。

（四）交易各方的关联关系说明和关联人基本情况。

（五）交易的定价政策及定价依据，包括成交价格与交易标的账面值、评估值以及明确、公允的市场价格之间的关系以及因交易标的特殊而需要说明的与定价有关的其他特定事项。

若成交价格与账面值、评估值或者市场价格差异较大的，应当说明原因。如交易有失公允的，还应当披露本次关联交易所产生的利益转移方向。

（六）交易协议的主要内容，包括交易价格、交易结算方式、关联人在交易中所占权益的性质和比重，协议生效条件、生效时间、履行期限等。

（七）交易目的及对上市公司的影响，包括进行此次关联交易的必要性和真实意图，对本期和未来财务状况和经营成果的影响等。

（八）当年年初至公告日与该关联人累计已发生的各类关联交易的总金额。

（九）本规则第 9.15 条规定的其他内容。

（十）中国证监会和本所要求的有助于说明交易实质的其他内容。

10.2.9　上市公司发生的关联交易涉及本规则第 9.1 条规定的“提供财务资助”“委托理财”等事项时，应当以发生额作为计算标准，并按交易事项的类型在连续十二个月内累计计算，经累计计算达到本规则第 10.2.3 条、第 10.2.4 条和第 10.2.5 条标准的，适用第 10.2.3 条、第 10.2.4 条和第 10.2.5 条的规定。

已按照第 10.2.3 条、第 10.2.4 条或者第 10.2.5 条规定履行相关义务的，不再纳入相关的累计计算范围。

10.2.10　上市公司在连续十二个月内发生的以下关联交易，应当按照累计计算的原则适用本规则第 10.2.3 条、第 10.2.4 条和第 10.2.5 条规定：

（一）与同一关联人进行的交易；

（二）与不同关联人进行的与同一交易标的相关的交易。

上述同一关联人包括与该关联人受同一主体控制或者相互存在股权控制关系的其他关联人。

已按照第 10.2.3 条、第 10.2.4 条或者第 10.2.5 条规定履行相关义务的，不再纳入相关的累计计算范围。

10.2.11　上市公司与关联人进行本规则第 10.1.1 条第（二）项至第（五）项所列的与日常经营相关的关联交易事项，应当按照下述规定进行披露并履行相应审议程序：

（一）对于首次发生的日常关联交易，公司应当与关联人订立书面协议并及时披露，根据协议涉及的交易金额分别适用本规则第 10.2.3 条、第 10.2.4 条或者第 10.2.5 条的规定提交董事会或者股东大会审议；协议没有具体交易金额的，应当提交股东大会审议。

（二）已经公司董事会或者股东大会审议通过且正在执行的日常关联交易协议，如果执行过程中主要条款未发生重大变化的，公司应当在定期报告中按要求披露相关协议的实际履行情况，并说明是否符合协议的规定；如果协议在执行过程中主要条款发生重大变化或者协议期满需要续签的，公司应当将新修订或者续签的日常关联交易协议，根据协议涉及的交易金额分别适用第 10.2.3 条、第 10.2.4 条或者第 10.2.5 条的规定提交董事会或者股东大会审议；协议没有具体交易金额的，应当提交股东大会审议。

（三）对于每年发生的数量众多的日常关联交易，因需要经常订立新的日常关联交易协议而难以按照本条第（一）项规定将每份协议提交董事会或者股东大会审议的，公司可以在披露上一年度报告之前，对本公司当年度将发生的日常关联交易总金额进行合理预计，根据预计金额分别适用第 10.2.3 条、第 10.2.4 条或者第 10.2.5 条的规定提交董事会或者股东大会审议并披露；对于预计范围内的日常关联交易，公司应当在年度报告和半年度报告中予以披露。如果在实际执行中日常关联交易金额超过预计总金额的，公司应当根据超出金额分别适用第 10.2.3 条、第 10.2.4 条或者第 10.2.5 条的规定重新提交董事会或者股东大会审议并披露。

10.2.12　日常关联交易协议至少应当包括交易价格、定价原则和依据、交易总量或者其确定方法、付款方式等主要条款。

协议未确定具体交易价格而仅说明参考市场价格的，公司在按照本规则第 10.2.11 条规定履行披露义务时，应当同时披露实际交易价格、市场价格及其确定方法、两种价格存在差异的原因。

10.2.13　上市公司与关联人签订日常关联交易协议的期

限超过三年的，应当每三年根据本节规定重新履行审议程序及披露义务。

10.2.14　上市公司因公开招标、公开拍卖等行为导致公司与关联人的关联交易时，公司可以向本所申请豁免按照本章规定履行相关义务。

10.2.15　上市公司与关联人达成以下关联交易时，可以免予按照本章规定履行相关义务：

（一）一方以现金方式认购另一方公开发行的股票、公司债券或者企业债券、可转换公司债券或者其他衍生品种；

（二）一方作为承销团成员承销另一方公开发行的股票、公司债券或者企业债券、可转换公司债券或者其他衍生品种；

（三）一方依据另一方股东大会决议领取股息、红利或者报酬；

（四）本所认定的其他情况。

第十一章　其他重大事件

第一节　重大诉讼和仲裁

11.1.1　上市公司发生的重大诉讼、仲裁事项涉及金额占公司最近一期经审计净资产绝对值10%以上，且绝对金额超过一千万元的，应当及时披露。

未达到前款标准或者没有具体涉案金额的诉讼、仲裁事项，董事会基于案件特殊性认为可能对公司股票及其衍生品种交易价格产生较大影响，或者本所认为有必要的，以及涉及公司股东大会、董事会决议被申请撤销或者宣告无效的诉讼的，公司也应当及时披露。

11.1.2　上市公司发生的重大诉讼、仲裁事项应当采取连续十二个月累计计算的原则，经累计计算达到本规则11.1.1

条标准的，适用11.1.1条规定。

已按照11.1.1条规定履行相关义务的，不再纳入累计计算范围。

11.1.3 上市公司披露重大诉讼、仲裁事项时应当向本所提交下列文件：

（一）公告文稿；

（二）起诉书或者仲裁申请书、受理（应诉）通知书；

（三）裁定书、判决书或者裁决书；

（四）本所要求的其他材料。

11.1.4 上市公司关于重大诉讼、仲裁事项的公告应当包括以下内容：

（一）案件受理情况和基本案情；

（二）案件对公司本期利润或者期后利润的影响；

（三）公司及控股子公司是否还存在尚未披露的其他诉讼、仲裁事项；

（四）本所要求的其他内容。

11.1.5 上市公司应当及时披露重大诉讼、仲裁事项的重大进展情况及其对公司的影响，包括但不限于诉讼案件的一审和二审判决结果、仲裁裁决结果以及判决、裁决执行情况等。

第二节 变更募集资金投资项目

11.2.1 上市公司拟变更募集资金投资项目的，应当自董事会审议后及时披露，并提交股东大会审议。

11.2.2 上市公司变更募集资金投资项目，应当向本所提交下列文件：

（一）公告文稿；

（二）董事会决议和决议公告文稿；

（三）独立董事对变更募集资金投资项目的意见；

（四）监事会对变更募集资金投资项目的意见；

（五）保荐人对变更募集资金投资项目的意见（如适用）；

（六）关于变更募集资金投资项目的说明；

（七）新项目的合作意向书或者协议；

（八）新项目立项机关的批文；

（九）新项目的可行性研究报告；

（十）相关中介机构报告；

（十一）终止原项目的协议；

（十二）本所要求的其他文件。

公司应当根据新项目的具体情况，向本所提供上述第（六）项至第（十一）项所述全部或者部分文件。

11.2.3　上市公司变更募集资金投资项目，应当披露以下内容：

（一）原项目基本情况及变更的具体原因；

（二）新项目的基本情况、市场前景和风险提示；

（三）新项目已经取得或者尚待有关部门审批的说明（如适用）；

（四）有关变更募集资金投资项目尚需提交股东大会审议的说明；

（五）本所要求的其他内容。

新项目涉及购买资产、对外投资的，还应当比照本规则的相关规定进行披露。

第三节　业绩预告、业绩快报和盈利预测

11.3.1　上市公司预计全年度、半年度、前三季度经营业绩将出现下列情形之一的，应当及时进行业绩预告：

（一）净利润为负值；

（二）净利润与上年同期相比上升或者下降50%以上；

（三）实现扭亏为盈。

11.3.2　以下比较基数较小的上市公司出现本规则第

11.3.1条第（二）项情形的，经本所同意可以豁免进行业绩预告：

（一）上一年年度每股收益绝对值低于或者等于零点零五元；

（二）上一年半年度每股收益绝对值低于或者等于零点零三元；

（三）上一年前三季度每股收益绝对值低于或者等于零点零四元。

11.3.3　上市公司应当合理、谨慎、客观、准确地披露业绩预告。公司披露业绩预告后，又预计本期业绩与已披露的业绩预告差异较大的，应当按本所的相关规定及时披露业绩预告修正公告。

11.3.4　上市公司披露业绩预告或者业绩预告修正公告时，应当向本所提交下列文件：

（一）公告文稿；

（二）董事会的有关说明；

（三）注册会计师对公司作出业绩预告或者修正其业绩预告的依据及过程是否适当和审慎的意见（如适用）；

（四）本所要求的其他文件。

11.3.5　上市公司披露的业绩预告修正公告应当包括以下内容：

（一）预计的本期业绩；

（二）预计的本期业绩与已披露的业绩预告存在的差异及造成差异的原因；

（三）董事会的致歉说明；

（四）董事会对公司内部责任人的认定情况（如适用）；

（五）关于公司股票交易可能被实行或者撤销风险警示，或者股票可能被暂停上市、恢复上市或者终止上市的说明（如适用）。

若业绩预告修正经过注册会计师预审计的，还应当说明公司与注册会计师在业绩预告方面是否存在分歧及分歧所在。

11.3.6　上市公司可以在定期报告披露前发布业绩快报，业绩快报应当披露上市公司本期及上年同期营业收入、营业利润、利润总额、净利润、总资产、净资产、每股收益、每股净资产和净资产收益率等数据和指标。上市公司披露业绩快报时，应当向本所提交下列文件：

（一）公告文稿；

（二）经公司现任法定代表人、主管会计工作的负责人、总会计师（如有）、会计机构负责人（会计主管人员）签字并盖章的比较式资产负债表和利润表；

（三）本所要求的其他文件。

11.3.7　上市公司应当确保业绩快报中的财务数据和指标与相关定期报告的实际数据和指标不存在重大差异。若有关财务数据和指标的差异幅度达到20%以上的，上市公司应当在披露相关定期报告的同时，以董事会公告的形式进行致歉，并说明差异内容及其原因、对公司内部责任人的认定情况等。

11.3.8　上市公司预计本期业绩与已披露的盈利预测有重大差异的，应当及时披露盈利预测修正公告，并向本所提交下列文件：

（一）公告文稿；

（二）董事会的有关说明；

（三）董事会关于确认修正盈利预测的依据及过程是否适当和审慎的函件；

（四）注册会计师关于实际情况与盈利预测存在差异的专项说明；

（五）本所要求的其他文件。

11.3.9　上市公司披露的盈利预测修正公告应当包括以下内容：

（一）预计的本期业绩；

（二）预计的本期业绩与已披露的盈利预测存在的差异及造成差异的原因；

（三）关于公司股票交易可能被实行或者撤销风险警示，或者股票可能被暂停上市、恢复上市或者终止上市的说明（如适用）。

第四节　利润分配和资本公积金转增股本

11.4.1　上市公司应当在董事会审议通过利润分配或者资本公积金转增股本方案（以下简称“方案”）后，及时披露方案的具体内容。

11.4.2　上市公司在实施方案前，应当向本所提交下列文件：

（一）方案实施公告；

（二）相关股东大会决议；

（三）结算公司有关确认方案具体实施时间的文件；

（四）本所要求的其他文件。

11.4.3　上市公司应当于实施方案的股权登记日前三至五个交易日内披露方案实施公告。

11.4.4　方案实施公告应当包括以下内容：

（一）通过方案的股东大会届次和日期；

（二）派发现金股利、股份股利、资本公积金转增股本的比例（以每十股表述）、股本基数（按实施前实际股本计算）以及是否含税和扣税情况等；

（三）股权登记日、除权日、新增股份（未完成股权分置改革的公司为“新增可流通股份”）上市日；

（四）方案实施办法；

（五）股本变动结构表（按变动前总股本、本次派发红股数、本次转增股本数、变动后总股本、占总股本比例等项目列示）；

（六）派发股利、资本公积金转增股本后，需要调整的衍生品种行权（转股）价、行权（转股）比例、承诺的最低减持价情况等（如适用）；

（七）派发股份股利、资本公积金转增股本后，按新股本摊薄计算的上年度每股收益或者本年度半年每股收益；

（八）有关咨询办法。

11.4.5 上市公司应当在股东大会审议通过方案后两个月内，完成利润分配及公积金转增股本事宜。

第五节 股票交易异常波动和澄清

11.5.1 股票交易被中国证监会或者本所根据有关规定认定为异常波动的，上市公司应当于次一交易日披露股票交易异常波动公告。在特殊情况下，本所可以安排公司在非交易日公告。

股票交易异常波动的计算从公告之日起重新开始。公告日为非交易日的，从次一交易日起重新开始计算。

11.5.2 上市公司披露股票交易异常波动公告时，应当向本所提交下列文件：

（一）公告文稿；

（二）董事会的分析说明；

（三）函询控股股东及其实际控制人的相关文件（如有）；

（四）有助于说明问题实质的其他文件。

11.5.3 上市公司披露的股票交易异常波动公告应当包括以下内容：

（一）股票交易异常波动情况的说明；

（二）对重要问题的关注、核实情况说明；

（三）是否存在应披露而未披露信息的声明；

（四）是否存在违反公平信息披露情形的说明；

（五）本所要求的其他内容。

11.5.4 公共媒体传播的消息（以下简称“传闻”）可能或者已经对公司股票及其衍生品种交易价格产生较大影响的，上市公司应当及时向本所提供传闻传播的证据，并发布澄清公告。

11.5.5 上市公司披露的澄清公告应当包括以下内容：

（一）传闻内容及其来源；

（二）传闻所涉及事项的真实情况；

（三）有助于说明问题实质的其他内容。

第六节 回购股份

11.6.1 本节适用于上市公司为减少注册资本而进行的回购，因实施股权激励方案等而进行的回购，依据中国证监会和本所的其他相关规定执行。

11.6.2 上市公司应当在董事会审议通过回购股份相关事项后，及时披露董事会决议、回购股份预案，并发布召开股东大会的通知。

回购股份预案至少应当包括以下内容：

（一）回购股份的目的；

（二）回购股份的方式；

（三）回购股份的价格或者价格区间、定价原则；

（四）拟回购股份的种类、数量及占总股本的比例；

（五）拟用于回购的资金总额及资金来源；

（六）回购股份的期限；

（七）预计回购后公司股权结构的变动情况；

（八）管理层关于本次回购股份对公司经营、财务及未来发展影响的分析。

11.6.3 上市公司应当聘请独立财务顾问就回购股份事宜进行尽职调查，出具独立财务顾问报告，并在股东大会召开五日前予以公告。

11.6.4　上市公司应当在回购股份股东大会召开三日前，公告回购股份董事会决议的前一个交易日及股东大会的股权登记日登记在册的前十名股东（未完成股权分置改革的上市公司为前十名社会公众股股东）的名称及持股数量、比例数据等。

11.6.5　上市公司股东大会对回购股份作出决议，须经出席会议的股东所持表决权的三分之二以上通过。

公司在股东大会作出回购股份决议后，应当在十日内通知债权人，并于三十日内在报纸上公告。

11.6.6　采用集中竞价方式回购股份的，上市公司应当在收到中国证监会无异议函后的五个交易日内公告回购报告书和法律意见书；采用要约方式回购股份的，上市公司应当在收到无异议函后的两个交易日内予以公告，并在实施回购方案前公告回购报告书和法律意见书。回购报告书应包括如下内容：

（一）本规则第11.6.2条规定的回购股份预案应当包括的内容；

（二）公司董事、监事、高级管理人员在股东大会回购决议公告前六个月是否存在买卖公司股票的行为，是否存在单独或者与他人联合进行内幕交易及市场操纵的说明；

（三）独立财务顾问就本次回购股份出具的结论性意见；

（四）律师事务所就本次回购股份出具的结论性意见；

（五）其他应说明的事项。以要约方式回购股份的，还应当对股东预受及撤回预受要约的方式和程序、股东委托办理要约回购中相关股份预受、撤回、结算、过户登记等事宜的证券公司名称及其通讯方式等事项作出说明。

11.6.7　上市公司距回购期届满三个月时仍未实施回购方案的，董事会应当就未能实施回购的原因予以公告。

11.6.8　以集中竞价交易方式回购股份的，在回购股份期间，上市公司应当在每个月的前三个交易日内，公告截至上月末的回购进展情况，包括已回购股份总额、购买的最高价和最低价、支付的总金额；上市公司通过集中竞价交易方式回购股份占上市公司总股本的比例每增加 1% 的，应当自该事实发生之日起两个交易日内予以公告；回购期届满或者回购方案已实施完毕的，上市公司应当在股份变动报告中披露已回购股份总额、购买的最高价和最低价、支付的总金额。

11.6.9 回购期届满或者回购方案已实施完毕的，上市公司应当停止回购行为，撤销回购专用账户，在两日内公告公司股份变动报告。

第七节 可转换公司债券涉及的重大事项

11.7.1 发行可转换公司债券的上市公司出现下列情形之一时，应当及时向本所报告并披露：

因发行新股、送股、分立及其他原因引起股份变动，需要调整转股价格，或者依据募集说明书约定的转股价格向下修正条款修正转股价格的；

可转换公司债券转换为股票的数额累计达到可转换公司债券开始转股前公司已发行股份总额的 10% 的；

公司信用状况发生重大变化，可能影响如期偿还债券本息的；

可转换公司债券担保人发生重大资产变动、重大诉讼，或者涉及合并、分立等情况的；

未转换的可转换公司债券数量少于三千万元的；

有资格的信用评级机构对可转换公司债券的信用或者公司的信用进行评级，并已出具信用评级结果的；

可能对可转换公司债券交易价格产生较大影响的其他重大事件；

中国证监会和本所规定的其他情形。

11.7.2　投资者持有上市公司已发行的可转换公司债券达到发行总量的20%时，应当在事实发生之日起两个交易日内向本所报告，并通知上市公司予以公告。

持有上市公司已发行的可转换公司债券20%及以上的投资者，其所持上市公司已发行的可转换公司债券比例每增加或者减少10%时，应当在事实发生之日起两个交易日内依照前款规定履行报告和公告义务。

11.7.3　上市公司应当在可转换公司债券约定的付息日前三至五个交易日内披露付息公告，在可转换公司债券期满前三至五个交易日内披露本息兑付公告。

11.7.4　上市公司应当在可转换公司债券开始转股前三个交易日内披露实施转股的公告。

11.7.5　上市公司行使赎回权时，应当在每年首次满足赎回条件后的五个交易日内至少发布三次赎回公告。赎回公告应当载明赎回的程序、价格、付款方法、时间等内容。

赎回期结束，公司应当公告赎回结果及影响。

11.7.6　在可以行使回售权的年份内，上市公司应当在每年首次满足回售条件后的五个交易日内至少发布三次回售公告。回售公告应当载明回售的程序、价格、付款方法、时间等内容。

回售期结束后，公司应当公告回售结果及影响。

11.7.7　经股东大会批准变更募集资金投资项目的，上市公司应当在股东大会通过后二十个交易日内赋予可转换公司债券持有人一次回售的权利，有关回售公告至少发布三次，其中，在回售实施前、股东大会决议公告后五个交易日内至少发布一次，在回售实施期间至少发布一次，余下一次回售公告发布的时间视需要而定。

11.7.8　上市公司在可转换公司债券转换期结束的二十个交易日前应当至少发布三次提示公告，提醒投资者有关在可转换公司债券转换期结束前的十个交易日停止交易的事项。

公司出现可转换公司债券按规定须停止交易的其他情形时，应当在获悉有关情形后及时披露其可转换公司债券将停止交易的公告。

11.7.9　上市公司应当在每一季度结束后及时披露因可转换公司债券转换为股份所引起的股份变动情况。

第八节　收购及相关股份权益变动

11.8.1　在一个上市公司中拥有权益的股份达到该公司已发行股份的5%以上的股东及其实际控制人，其拥有权益的股份变动涉及《证券法》《上市公司收购管理办法》规定的收购或者股份权益变动情形的，该股东、实际控制人及其他相关信息披露义务人应当按照《证券法》《上市公司收购管理办法》等的规定履行报告和公告义务，并及时通知公司发布提示性公告。

公司应当在知悉上述收购或者股份权益变动时，及时对外发布公告。

11.8.2　上市公司控股股东以协议方式向收购人转让其所持股份时，控股股东及其关联人如存在未清偿对公司的负债、未解除公司为其提供的担保及其他损害公司利益情形的，公司董事会应当如实对外披露相关情况并提出解决措施。

11.8.3　上市公司涉及被要约收购的，应当在收购人公告《要约收购报告书》后的二十日内披露《被收购公司董事会报告书》和独立财务顾问出具的专业意见。

收购人对要约收购条件作出重大修改的，被收购上市公司董事会应当在三个交易日内披露董事会和独立财务顾问的补充意见。

11.8.4　上市公司董事、监事、高级管理人员、员工或者其所控制或者委托的法人、其他组织拟对上市公司进行收购或者取得控制权的，上市公司应当披露由非关联董事表决作出的董事会决议、非关联股东表决作出的股东大会决议以及独立董事和独立财务顾问的意见。

11.8.5　因上市公司减少股本，导致投资者及其一致行动人在该公司中拥有权益的股份达到该公司已发行股份的5%或者变动幅度达到该公司已发行股份的5%的，公司应当自完成减少股本的变更登记之日起两个交易日内就因此导致的公司股东权益的股份变动情况作出公告。

11.8.6　上市公司受股东委托代为披露相关股份变动过户手续事宜的，应当在获悉相关股份变动过户手续完成后及时对外公告。

11.8.7　上市公司收购及相关股份权益变动活动中的信息披露义务人在依法披露前，如相关信息已在媒体上传播或者公司股票及其衍生品种交易出现异常的，公司董事会应当立即问询有关当事人并对外公告。

11.8.8　上市公司股东、实际控制人未履行报告和公告义务的，公司董事会应当自知悉之日起作出报告和公告，并督促相关股东、实际控制人履行报告和公告义务。

11.8.9　上市公司股东、实际控制人未履行报告和公告义务，拒不履行相关配合义务，或者实际控制人存在不得收购上市公司的情形的，公司董事会应当拒绝接受被实际控制人支配的股东向董事会提交的提案或者临时提案，并及时报告本所及有关监管部门。

11.8.10　上市公司涉及其他上市公司的收购或者股份权益变动活动的，应当按照《证券法》《上市公司收购管理办法》等的规定履行报告、公告义务。

第九节　股权激励

11.9.1　实行股权激励计划的上市公司，应当严格遵守中国证监会和本所关于股权激励的相关规定，履行必要的审议程序和报告、公告义务。

11.9.2 上市公司应当在董事会审议通过股权激励计划后，及时按本所的要求提交材料，并对外发布股权激励计划公告。

董事会审议股权激励计划时，本次激励计划中成为激励对象的关联董事应当回避表决。

11.9.3 上市公司应当在刊登股权激励计划公告的同时，在本所指定网站详细披露激励对象姓名、拟授予限制性股票或者股票期权的数量、占股权激励计划拟授予总量的比例等情况。

激励对象或者拟授予的权益数量发生变化的，公司应当自董事会审议通过相关议案后两个交易日内在本所指定网站更新相应资料。

11.9.4 上市公司在披露股权激励计划方案后，应当按照有关规定及时报中国证监会备案，并同时抄报公司所在地证监局。

中国证监会对上市公司股权激励计划备案无异议后，公司应当及时对外公告，发布召开股东大会的通知。

11.9.5 上市公司召开股东大会审议股权激励计划的，除现场会议外，还应当向股东提供网络形式的投票平台。

公司应当在股东大会审议股权激励计划后，及时向本所报送相关材料并对外公告。

11.9.6 上市公司应当在股权激励计划授予条件成就后，及时召开董事会审议相关授予事项，并按本规则和本所关于股权激励的相关规定披露董事会对授予条件是否成就等事项的审议结果及授予安排情况。

11.9.7 上市公司应当按规定及时办理限制性股票或者股票期权的授予登记。

公司应当在完成限制性股票或者股票期权的授予登记后，及时披露限制性股票或者股票期权授予完成情况。

因上市公司权益分派等原因导致限制性股票、股票期权相关参数发生变化的，公司应当按照权益分配或者股权激励计划中约定的调整公式对相关数据进行调整，并及时披露调整情况。

11.9.8　上市公司应当在股权激励计划设定的限制性股票解除限售、股票期权行权条件得到满足后，及时召开董事会审议相关实施方案，并按本规则和本所关于股权激励的相关规定，披露董事会对限制性股票解除限售或者股票期权行权条件是否成就等事项的审议结果及具体实施安排。

11.9.9　上市公司应当按规定及时办理股权激励获授股份解除限售、股票期权行权的相关登记手续，并及时披露获授股份解除限售公告或者股票期权行权公告。

第十节　破产

11.10.1　上市公司应当在董事会作出向法院申请重整、和解或者破产清算的决定时，或者知悉债权人向法院申请公司重整或者破产清算时，及时向本所报告并披露下列事项：

（一）公司作出申请决定的具体原因、正式递交申请的时间（适用于公司主动申请情形）；

（二）申请人的基本情况、申请目的、申请的事实和理由（适用于债权人申请情形）；

（三）申请重整、和解或者破产清算对公司的影响说明及风险提示；

（四）其他需要说明的情况。

11.10.2　上市公司应当及时向本所报告并披露法院受理重整、和解或者破产清算申请的相关进展情况，包括：

（一）法院受理重整、和解或者破产清算申请前，申请人请求撤回申请；

（二）法院作出受理或者不予受理重整、和解或者破产清算申请的裁定；

（三）本所要求披露的其他事项。

11.10.3 法院受理重整、和解或者破产清算申请的，上市公司应当及时向本所报告并披露下列内容：

（一）申请人名称（适用于债权人申请情形）；

（二）法院作出受理重整、和解或者破产清算申请裁定的时间及裁定的主要内容；

（三）法院指定的管理人的基本情况（包括管理人名称、负责人、成员、职责、处理事务的地址和联系方式等）；

（四）负责公司进入破产程序后信息披露事务的责任人情况（包括责任主体名称、成员、联系方式等）；

（五）本所要求披露的其他事项。

公司应当同时在公告中充分揭示其股票及其衍生品种可能被终止上市的风险。

公司股票及其衍生品种应当按照本规则第十三章的有关规定停牌、复牌和实行风险警示。

11.10.4 在法院受理破产清算申请后、宣告上市公司破产前，上市公司应当就所涉事项及时披露以下情况：

（一）公司或者出资额占公司注册资本十分之一以上的出资人向法院提出重整申请及申请时间、申请理由等情况；

（二）公司向法院提出和解申请及申请时间、申请理由等情况；

（三）法院作出同意或者不同意公司重整或者和解申请的裁定、裁定时间及裁定的主要内容；

（四）债权人会议计划召开情况；

（五）法院经审查发现公司不符合《中华人民共和国企业破产法》（以下简称《企业破产法》）规定情形而作出驳回公

司破产申请裁定、裁定时间、裁定的主要内容以及相关申请人是否上诉的情况说明；

（六）本所要求披露的其他事项。

11.10.5　在重整期间，上市公司应当就所涉事项及时披露如下内容：

（一）债权申报情况（至少在法定申报债权期限内每月末披露一次）；

（二）重整计划草案的制定情况（包括向法院和债权人会议提交重整计划草案的时间、重整计划草案的主要内容等）；

（三）重整计划草案的表决通过和法院批准情况；

（四）法院强制批准重整计划草案情况；

（五）与重整有关的行政许可批准情况；

（六）法院裁定终止重整程序的原因及时间；

（七）法院裁定宣告公司破产的原因及时间；

（八）本所要求披露的其他事项。

重整期间公司股票及其衍生品种应当按照本规则第十三章的有关规定停牌、复牌和实行风险警示。

11.10.6　被法院裁定和解的上市公司，应当及时就所涉事项披露如下内容：

（一）债权申报情况（至少在法定申报债权期限内每月末披露一次）；

（二）公司向法院提交和解协议草案的时间及草案主要内容；

（三）和解协议草案的表决通过和法院认可情况；

（四）与和解有关的行政许可批准情况；

（五）法院裁定终止和解程序的原因及时间；

（六）法院裁定宣告公司破产的原因及时间；

（七）本所要求披露的其他事项。

11.10.7　在重整计划、和解协议执行期间，上市公司应当及时就所涉事项披露以下情况：

（一）重整计划、和解协议执行的重大进展情况；

（二）因公司不能执行或者不执行重整计划或者和解协议，法院经管理人、利害关系人或者债权人请求，裁定宣告公司破产的有关情况；

（三）本所要求披露的其他事项。

11.10.8　上市公司披露上述重整、和解或者破产清算事项时，应当按照披露事项所涉情形向本所提交下列文件：

（一）公告文稿；

（二）管理人说明文件；

（三）法院出具的法律文书：

（四）重整计划、和解协议草案；

（五）重整计划、和解协议草案涉及的有关部门审批文件；

（六）重整计划、和解协议草案涉及的协议书或者意向书；

（七）董事会决议；

（八）股东大会决议；

（九）债权人会议决议；

（十）职代会决议；

（十一）律师事务所出具的专门意见；

（十二）会计师事务所、资产评估机构等中介机构出具的文件；

（十三）本所要求的其他文件。

11.10.9　进入破产程序的上市公司，除应当及时披露上述信息外，还应当按照本规则和本所的其他有关规定，及时向本所报送并对外披露定期报告和临时报告。

11.10.10　上市公司采取管理人管理运作模式的，管理人及其成员应当按照《证券法》以及最高人民法院、中国证监会和本所的相关规定，真实、准确、完整、及时地履行信息披露义务，并确保对公司所有债权人和股东公平地披露信息。

公司披露的定期报告应当由管理人的成员签署书面确认意见，公司披露的临时报告应当由管理人发布并加盖管理人公章。

11.10.11　上市公司采取管理人监督运作模式的，公司董事会、监事会和高级管理人员应当继续按照本规则和本所其他有关规定履行信息披露义务。

管理人应当及时将涉及信息披露的所有事项告知公司董事会，并督促公司董事、监事和高级管理人员勤勉尽责地履行信息披露义务。

11.10.12　进入重整、和解程序的上市公司，其重整计划、和解协议涉及增加或者减少公司注册资本、发行公司债券、公司合并、公司分立、收购本公司股份等事项的，应当按相关规定履行必要的表决和审批程序，并按照本规则和本所其他有关规定履行信息披露义务。

第十一节　其他

11.11.1　上市公司和相关信息披露义务人应当严格遵守承诺事项。公司应当及时将公司承诺事项和相关信息披露义务人承诺事项单独摘出报送本所备案，同时在本所指定网站上单独披露。

公司应当在定期报告中专项披露上述承诺事项的履行情况。如出现公司或者相关信息披露义务人不能履行承诺的情形，公司应当及时披露具体原因和董事会拟采取的措施。

11.11.2　上市公司董事、监事、高级管理人员、控股股东、实际控制人、持有上市公司首次公开发行股票前已发行股份的股东、重组方及其一致行动人、上市公司购买资产对应经营实体的股份或者股权持有人，以及其他持有法律、行政法规、部门规章、规范性文件和本所规定的限售股的股东或者其他自愿承诺股份限售的股东，应当遵守其在公开募集及上市文件、信息披露文件或者其他文件中作出的公开承诺：如上市公司因首次公开发行股票、发行新股、构成借壳上市的重大资产重组的申请或者相关披露文件存在虚假记载、误导性陈述或者重大遗漏被证监会立案稽查的，暂停转让其拥有权益的公司股份。

11.11.3　上市公司出现下列使公司面临重大风险情形之一的，应当及时向本所报告并披露：

（一）发生重大亏损或者遭受重大损失；

（二）发生重大债务、未清偿到期重大债务或者重大债权到期未获清偿；

（三）可能依法承担的重大违约责任或者大额赔偿责任；

（四）计提大额资产减值准备；

（五）公司决定解散或者被依法强制解散；

（六）公司预计出现资不抵债（一般指净资产为负值）；

（七）主要债务人出现资不抵债或者进入破产程序，公司对相应债权未提取足额坏账准备；

（八）主要资产被查封、扣押、冻结或者被抵押、质押；

（九）主要或者全部业务陷入停顿；

（十）公司因涉嫌违法违规被有权机关调查或者受到重大行政、刑事处罚；

（十一）公司董事、监事、高级管理人员因涉嫌违法违规被有权机关调查或者采取强制措施而无法履行职责，或者因身体、工作安排等其他原因无法正常履行职责达到或者预计达到三个月以上；

（十二）本所或者公司认定的其他重大风险情况。

上述事项涉及具体金额的，应当比照适用本规则第 9.2 条的规定。

上市公司出现前款第（十）项情形，且因涉嫌欺诈发行或涉嫌重大信息披露违法被中国证监会立案稽查的，公司应当每月披露一次风险提示公告，说明立案稽查的情况进展及公司股票可能被暂停上市的风险。本所或公司董事会认为有必要的，可以增加风险提示公告的披露次数，并视情况对公司股票及其衍生品种的停牌与复牌作出相应安排。

11.11.4 上市公司出现下列情形之一的，应当及时向本所报告并披露：

（一）变更公司名称、股票简称、公司章程、注册资本、注册地址、办公地址和联系电话等，其中公司章程发生变更的，还应当将新的公司章程在本所指定网站上披露；

（二）经营方针和经营范围发生重大变化；

（三）变更会计政策、会计估计；

（四）董事会通过发行新股或者其他再融资方案；

（五）中国证监会发行审核委员会（含上市公司并购重组审核委员会）对公司发行新股或者其他再融资申请、重大资产重组事项提出相应的审核意见；

（六）持有公司5%以上股份的股东或者实际控制人持股情况或者控制公司的情况发生或者拟发生较大变化；

（七）公司董事长、经理、董事（含独立董事），或者三分之一以上的监事提出辞职或者发生变动；

（八）生产经营情况、外部条件或者生产环境发生重大变化（包括产品价格、原材料采购、销售方式等发生重大变化），订立重要合同，可能对公司的资产、负债、权益和经营成果产生重大影响；

（九）新颁布的法律、行政法规、部门规章、规范性文件、政策可能对公司经营产生重大影响；

（十）聘任、解聘为公司审计的会计师事务所；

（十一）法院裁定禁止控股股东转让其所持股份；

（十二）任一股东所持公司5%以上股份被质押、冻结、司法拍卖、托管、设定信托或者被依法限制表决权；

（十三）获得大额政府补贴等额外收益或者发生可能对上市公司的资产、负债、权益或者经营成果产生重大影响的其他事项；

（十四）本所或者公司认定的其他情形。

11.11.5 上市公司因前期已公开披露的财务会计报告存在差错或者虚假记载被责令改正，或者经董事会决定改正的，应当在被责令改正或者董事会作出相应决定时，及时予以披露，并按照中国证监会《公开发行证券的公司信息披露编报规则第19号——财务信息的更正及相关披露》等有关规定的要求，办理财务信息的更正及相关披露事宜。

11.11.6 上市公司涉及股份变动的减资（回购除外）、合并、分立方案，应当在获得中国证监会批准后，及时报告本所并公告。

11.11.7 上市公司减资、合并、分立方案实施过程中涉及信息披露和股份变更登记等事项的，应当按中国证监会和本所的有关规定办理。

第十二章 停牌和复牌

12.1 上市公司发生本章规定的停牌事项，应当向本所申请对其股票及其衍生品种停牌与复牌。

本章未有明确规定的，公司可以以本所认为合理的理由向本所申请对其股票及其衍生品种停牌与复牌，本所视情况决定公司股票及其衍生品种的停牌与复牌事宜。

12.2 上市公司应当披露的重大信息如存在不确定性因素且预计难以保密的，或者在按规定披露前已经泄漏的，公司应当第一时间向本所申请对其股票及其衍生品种停牌，直至按规定披露后复牌。

12.3　上市公司在股东大会召开期间出现异常情况，或者未能在股东大会结束后的次日或者次一交易日披露公司股东大会决议公告且决议内容涉及否决议案的，公司应当向本所申请股票及其衍生品种停牌，直至公司披露股东大会决议公告或者相关信息后复牌。

对于未按本规则规定披露公司股东大会决议公告或者未申请停牌的公司，本所可以视情况对其股票及其衍生品种实施停牌，直至公司按规定披露相关公告后复牌。

12.4　公共媒体中出现上市公司尚未披露的信息，可能或者已经对公司股票及其衍生品种交易价格产生较大影响的，本所可以在交易时间对公司股票及其衍生品种实施停牌，直至公司披露相关公告的当日复牌。

公告日为非交易日的，则在公告披露后的首个交易日开市时复牌。

12.5　上市公司财务会计报告被出具非标准无保留意见，且该意见所涉及事项属于明显违反会计准则及相关信息披露规范性规定的，自公司公布相关定期报告起，本所对公司股票及其衍生品种实施停牌，直至公司按规定作出纠正后复牌。

12.6　上市公司未在法定期限内公布年度报告、半年度报告或者未在本规则规定的期限内公布季度报告的，本所于相关定期报告披露期限届满后次一交易日，对该公司股票及其衍生品种实施停牌。

公司股票及其衍生品种因未披露年度报告和半年度报告的停牌期限不超过两个月。在停牌期间，公司应当至少发布三次风险提示公告。

公司股票及其衍生品种因未披露季度报告被停牌的，直至季度报告披露当日开市时复牌。公告日为非交易日的，则在公告后首个交易日开市时复牌。未披露季度报告的公司同时存在未披露年度报告或者未披露半年度报告情形的，公司股票及其衍生品种应当按照本条第二款和第十三章的规定停牌与复牌。

12.7　上市公司因财务会计报告存在重大会计差错或者虚假记载，被中国证监会责令改正但未在规定期限内改正的，本所自规定期限届满后次一个交易日起对公司股票及其衍生品种实施停牌，直至其改正的财务会计报告披露当日复牌。公告日为非交易日的，则在公告后首个交易日开市时复牌。

上述停牌期限不超过两个月。在停牌期间，公司应当至少发布三次风险提示公告。

12.8　上市公司在公司运作和信息披露方面涉嫌违反法律、行政法规、部门规章、规范性文件及本所发布的业务规则、细则、指引和通知等相关规定，情节严重的，在被有关部门调查期间，本所视情况决定该公司股票及其衍生品种停牌与复牌事宜。

12.9　上市公司未按本规则或者本所其他相关规定披露其定期报告或者临时报告，或者不按要求进行解释、纠正或者补充披露的，本所可以对该公司股票及其衍生品种实施停牌，直至公司披露相关公告的当日复牌。公告日为非交易日的，则在公告后首个交易日开市时复牌。

12.10　上市公司严重违反本规则或者本所其他相关规定且在规定期限内拒不按要求改正的，本所可以对其股票及其衍生品种实施停牌，并视情况决定其复牌时间。

12.11　上市公司因某种原因使本所失去关于公司的有效信息来源时，本所可以对该公司股票及其衍生品种实施停牌，直至上述情况消除后复牌。

12.12　上市公司因收购人履行要约收购义务，或者收购人以终止上市公司上市地位为目的而发出全面要约的，要约收购期限届满至要约收购结果公告前，公司股票及其衍生品种应当停牌。

根据收购结果，被收购上市公司股权分布具备上市条件的，公司股票及其衍生品种将于要约收购结果公告日开市时复牌。

根据收购结果，被收购上市公司股权分布不再具备上市条件且收购人以终止公司上市地位为收购目的的，公司股票及其衍生品种将于要约收购结果公告日起继续停牌，直至本所终止其股票及其衍生品种上市。

根据收购结果，被收购上市公司股权分布不再具备上市条件但收购人不以终止公司上市地位为收购目的，且公司未能披露可行的解决方案的，其股票及其衍生品种将于要约收购结果公告披露当日起继续停牌。公司在停牌后五个交易日内披露可行的解决方案的，其股票及其衍生品种可以复牌。

公司在停牌后五个交易日内未披露解决方案，或者披露的解决方案存在重大不确定性的，或者在披露可行的解决方案后一个月内未实施完成的，该公司股票按本规则第十三章的有关规定实行退市风险警示。

12.13　上市公司因要约收购以外的其他原因导致股权分布发生变化连续二十个交易日不再具备上市条件，未在上述二十个交易日内披露解决方案的，本所在上述期限届满后次一交易日对该公司股票及其衍生品种实施停牌。

公司在停牌后一个月内披露可行的解决方案的，公司股票及其衍生品种可以复牌。

公司披露的解决方案存在重大不确定性，或者在停牌后一个月内未披露解决方案，或者在披露可行的解决方案后一个月内未实施完成的，该公司股票交易按本规则第十三章的有关规定实行退市风险警示。

公司应当在因股权分布发生变化导致连续十个交易日不再具备上市条件时，及时对外发布风险提示公告。

12.14　上市公司在其股票及其衍生品种被实施停牌期间，

应当至少每五个交易日披露一次未能复牌的原因（本规则另有规定的除外） 和相关事件进展情况。

12.15 上市公司出现异常状况，本所对其股票交易实行风险警示的，该公司股票及其衍生品种按本规则第十三章的有关规定停牌与复牌。

12.16 上市公司出现本规则第十四章规定的情况，或者发生重大事件而影响公司股票及其衍生品种上市资格的，该公司股票及其衍生品种按本规则第十四章的有关规定停牌与复牌。

12.17 可转换公司债券上市交易期间出现下列情况之一时，可转换公司债券停止交易：

（一）可转换公司债券流通面值少于三千万元时，在公司发布相关公告三个交易日后停止其可转换公司债券的交易；

（二）可转换公司债券转换期结束前的十个交易日停止其交易；

（三）可转换公司债券在赎回期间停止交易；

（四）中国证监会和本所认为应当停止交易的其他情况。

12.18 除上述规定外，本所可以依据中国证监会的要求或者基于维护市场秩序的需要，作出上市公司股票及其衍生品种停牌与复牌的决定。

第十三章 风险警示

第一节 一般规定

13.1.1 上市公司出现财务状况或者其他状况异常，导致其股票存在终止上市风险，或者投资者难以判断公司前景，其投资权益可能受到损害的，本所有权对该公司股票交易实行风险警示。

13.1.2　本章所称风险警示分为提示存在终止上市风险的风险警示（以下简称“退市风险警示”）和其他风险警示。

13.1.3　退市风险警示的处理措施包括：

（一）在公司股票简称前冠以“＊ST”字样，以区别于其他股票；

（二）股票价格的日涨跌幅限制为5%。

恢复上市首日股票价格的日涨跌幅不受前款有关5%的限制。

13.1.4　其他风险警示的处理措施包括：

（一）在公司股票简称前冠以“ST”字样，以区别于其他股票；

（二）股票价格的日涨跌幅限制为5%。

恢复上市首日股票价格的日涨跌幅不受前款有关5%的限制。

第二节　退市风险警示

13.2.1　上市公司出现下列情形之一的，本所有权对其股票交易实行退市风险警示：

（一）最近两个会计年度经审计的净利润连续为负值或者因追溯重述导致最近两个会计年度净利润连续为负值；

（二）最近一个会计年度经审计的期末净资产为负值或者因追溯重述导致最近一个会计年度期末净资产为负值；

（三）最近一个会计年度经审计的营业收入低于一千万元或者因追溯重述导致最近一个会计年度营业收入低于一千万元；

（四）最近一个会计年度的财务会计报告被出具无法表示意见或者否定意见的审计报告；

（五）因财务会计报告存在重大会计差错或者虚假记载，被中国证监会责令改正但未在规定期限内改正，且公司股票已停牌两个月；

（六）未在法定期限内披露年度报告或者半年度报告，且公司股票已停牌两个月；

（七）因欺诈发行受到中国证监会行政处罚，或者因涉嫌欺诈发行罪被依法移送公安机关；

（八）因重大信息披露违法受到中国证监会行政处罚，或者因涉嫌违规披露、不披露重要信息罪被依法移送公安机关；

（九）出现本规则第12.12条、第12.13条规定的股权分布不再具备上市条件的情形，公司披露的解决方案存在重大不确定性，或者在规定期限内未披露解决方案，或者在披露可行的解决方案后一个月内未实施完成；

（十）法院依法受理公司重整、和解或者破产清算申请；

（十一）出现可能导致公司被依法强制解散的情形；

（十二）本所认定的其他存在退市风险的情形。

13.2.2　上市公司应当在其股票交易实行退市风险警示的前一个交易日发布公告。公告应当包括以下内容：

（一）股票的种类、简称、证券代码以及实行退市风险警示的起始日；

（二）实行退市风险警示的主要原因；

（三）董事会关于争取撤销退市风险警示的意见及具体措施；

（四）股票可能被暂停上市或者终止上市的风险提示；

（五）实行退市风险警示期间公司接受投资者咨询的主要方式；

（六）中国证监会和本所要求的其他内容。

13.2.3　上市公司出现本规则第13.2.1条第（一）项至第（五）项规定情形的，应当在董事会审议年度报告或者审议经更正的财务会计报告后，及时向本所报告并提交董事会的书面意见。公司股票及其衍生品种于年度报告或者财务会计报告更正公告披露当日停牌一天。公告日为非交易日的，于次一交易日停牌一天。自复牌之日起，本所对公司股票交易实行退市风险警示。

13.2.4　上市公司出现本规则第13.2.1条第（五）项、第（六）项规定情形的，本所自公司股票及其衍生品种停牌两个月期限届满的次一交易日对其股票及其衍生品种复牌，并自复牌之日起对公司股票交易实行退市风险警示。

在其股票实行退市风险警示期间，公司应当至少发布三次风险提示公告。

13.2.5　上市公司出现本规则第13.2.1条第（七）项、第（八）项规定情形的，公司应当于知悉中国证监会作出行政处罚决定或者移送公安机关决定时立即向本所申请停牌，并在收到前述决定文件后对外公告，公司股票及其衍生品种于公告当日继续停牌一天。公告日为非交易日的，于次一交易日停牌一天。自复牌之日起，本所对公司股票交易实行退市风险警示。公司应当在公告中对其股票将在三十个交易日期限届满后被暂停上市作出风险提示。

公司股票在退市风险警示期间的全天停牌不计入前款规定的三十个交易日内，但停牌天数累计不得超过五个交易日。在退市风险警示期间，公司应当至少每五个交易日发布一次公司股票将被暂停上市的风险提示公告。

公司董事会应当在定期报告中对其股票还可能被终止上市的风险进行专项评估，提出应对预案并予以披露。

13.2.6　上市公司出现本规则第13.2.1条第（九）项规定情形的，本所对公司股票交易实行退市风险警示如下：

（一）公司在规定期限内披露股权分布问题解决方案但其方案存在重大不确定性的，公司股票及其衍生品种将于方案公告日停牌一天。公告日为非交易日的，于次一交易日停牌一天。自复牌之日起，本所对公司股票交易实行退市风险警示。

（二）公司未在规定期限内披露股权分布问题解决方案的，应当在规定期限届满后次一交易日披露相关公告，公司股票及其衍生品种于公告日停牌一天。自复牌之日起，本所对公司股票交易实行退市风险警示。

（三）公司披露了可行的股权分布问题解决方案但未能在一个月内实施完成的，应当在一个月期限届满后次一交易日披露相关公告。公司股票及其衍生品种于公告日停牌一天。自复牌之日起，本所对公司股票交易实行退市风险警示。

公司应当在相关公告中充分提示其股票存在的终止上市风险。

在其股票交易实行退市风险警示期间，公司董事会应当采取措施解决上市公司股权分布不再具备上市条件的问题。

13.2.7　上市公司出现本规则第13.2.1条第（十）项规定情形的，应当于收到法院受理公司重整、和解或者破产清算申请的裁定文件的当日立即向本所报告，申请公司股票及其衍生品种于次一交易日起停牌，并及时披露相关破产受理公告。

本所自公司披露相关破产受理公告及实行退市风险警示公告的次一交易日起对其股票及其衍生品种复牌，同时对其股票交易实行退市风险警示。

在其股票交易实行退市风险警示期间，公司除应当按照本规则第十一章第十节的规定履行信息披露义务外，还应当至少每五个交易日披露一次公司破产程序的进展情况，提示终止上市风险。

13.2.8　上市公司因出现本规则第13.2.1条第（十）项规定情形其股票交易被实行退市风险警示的，本所将自公司股票交易被实行退市风险警示起二十个交易日届满后次一交易日对该公司股票及其衍生品种实施停牌。

公司可以在法院作出批准公司重整计划、和解协议，或者终止重整、和解程序的裁定时向本所提出复牌申请。

本所可以视情况调整该公司股票及其衍生品种的停牌与复牌时间。

13.2.9　上市公司出现本规则第13.2.1条第（十一）项规定情形的，应当于知悉当日立即向本所报告，公司股票及其衍生品种于本所知悉该情形之日起停牌，直至公司披露可能被解散及股票交易实行退市风险警示公告的次一交易日开市时复牌。自复牌之日起，本所对公司股票交易实行退市风险警示。

在其股票交易被实行退市风险警示期间，公司应当至少每月披露一次解散事宜的进展情况，提示解散风险。

13.2.10　上市公司最近一个会计年度审计结果表明本规则第13.2.1条第（一）项至第（四）项规定情形已消除的，公司可以向本所申请对其股票交易撤销退市风险警示。

13.2.11　上市公司股票交易因本规则第13.2.1条第（一）项至第（四）项规定情形被本所实行退市风险警示的，在退市风险警示期间，公司进行重大资产重组且满足以下全部条件的，可以向本所申请对其股票交易撤销退市风险警示：

（一）根据中国证监会有关重大资产重组规定出售全部经营性资产和负债、购买其他资产且已实施完毕；

（二）通过购买进入公司的资产是一个完整经营主体，该经营主体在进入公司前已在同一管理层之下持续经营三年以上；

（三）公司本次购买进入的资产最近一个会计年度经审计的净利润为正值；

（四）经会计师事务所审核的盈利预测报告显示，公司完成本次重组后盈利能力增强，经营业绩明显改善；

（五）本所要求的其他条件。

13.2.12　上市公司股票交易因本规则第13.2.1条第（五）项、第（六）项规定情形被本所实行退市风险警示，在实行退市风险警示后两个月内上述情形消除的，公司可以向本所申请对其股票交易撤销退市风险警示。

13.2.13　上市公司因本规则第 13.2.1 条第（七）项、第（八）项规定情形其股票交易被本所实施退市风险警示后，在本所作出暂停上市决定前，符合下列情形之一的，公司可以向本所申请对其股票交易撤销退市风险警示：

（一）中国证监会行政处罚决定被依法撤销，且中国证监会不能以欺诈发行、重大信息披露违法为由重新对公司作出行政处罚决定，或者因对违规行为性质的认定发生根本性变化，被依法变更的；

（二）公安机关决定不予立案或者撤销案件，或者人民检察院作出不起诉决定，或者人民法院作出无罪判决或者免予刑事处罚，且中国证监会不能以欺诈发行、重大信息披露违法为由依法对公司作出行政处罚决定的。

13.2.14　上市公司股票交易因本规则第 13.2.1 条第（九）项情形被本所实行退市风险警示，在六个月内解决其股权分布问题重新具备上市条件的，公司可以向本所申请对其股票交易撤销退市风险警示。

13.2.15　上市公司股票交易因本规则第 13.2.1 条第（十）项规定情形被本所实行退市风险警示后，出现下列情形之一的，公司可以向本所申请对其股票交易撤销退市风险警示：

（一）重整计划执行完毕；

（二）和解协议执行完毕；

（三）法院受理破产申请后至破产宣告前，依据《企业破产法》规定情形作出驳回破产申请的裁定，且申请人在法定期限内未上诉的；

（四）法院受理破产申请后至破产宣告前，依据《企业破产法》第一百零八条规定情形，作出终结破产程序的裁定。

公司因前款第（一）项、第（二）项情形向本所申请对其股票交易撤销退市风险警示的，应当聘请律师事务所对公司重整计划或者和解协议执行情况出具法律意见书，并向本所提交该法律意见书及其他执行情况说明文件。

13.2.16 上市公司股票交易因本规则第13.2.1条第（十一）项规定情形被本所实行退市风险警示后，有关部门依法撤销强制解散公司的决定或者公司认为该项情形已消除的，可以向本所申请对其股票交易撤销退市风险警示。

13.2.17 上市公司向本所申请对其股票交易撤销退市风险警示后，应当于次一交易日披露相关公告。

公司提交完备的撤销退市风险警示申请材料的，本所将在十个交易日内作出是否同意其股票交易撤销退市风险警示的决定。在此期间，本所要求公司提供补充材料的，公司应当在本所规定期限内提供有关材料。公司补充材料期间不计入本所作出有关决定的期限内。

13.2.18 本所决定撤销退市风险警示的，上市公司应当按照本所要求在撤销退市风险警示的前一个交易日作出公告。

公司股票及其衍生品种于公告日停牌一天，自复牌之日起本所对公司股票交易撤销退市风险警示。

13.2.19 本所决定不予撤销退市风险警示的，上市公司应当在收到本所有关书面通知的次一交易日作出公告。

第三节 其他风险警示

13.3.1 上市公司出现下列情形之一的，本所有权对其股票交易实行其他风险警示：

（一）公司生产经营活动受到严重影响且预计在三个月以内不能恢复正常；

（二）公司主要银行账号被冻结；

（三）公司董事会无法正常召开会议并形成董事会决议；

（四）公司向控股股东或者其关联人提供资金或者违反规

定程序对外提供担保且情形严重的；

（五）本所认定的其他情形。

13.3.2 本规则第 13.3.1 条所述“向控股股东或者其关联人提供资金或者违反规定程序对外提供担保且情形严重”，是指上市公司存在下列情形之一且无可行的解决方案或者虽提出解决方案但预计无法在一个月内解决的：

（一）上市公司向控股股东或者其关联人提供资金的余额在一千万元以上，或者占上市公司最近一期经审计净资产的 5% 以上；

（二）上市公司违反规定程序对外提供担保的余额（担保对象为上市公司合并报表范围内子公司的除外）在五千万元以上，且占上市公司最近一期经审计净资产的 10% 以上。

13.3.3 上市公司应当按以下要求及时向本所报告并提交相关材料：

（一）属于本规则第 13.3.1 条第（一）项、第（二）项规定情形的，应当在事实发生后及时向本所报告并提交董事会意见；

（二）属于本规则第 13.3.1 条第（三）项规定情形的，应当在事实发生后及时向本所报告并提交公司报告。

本所在收到相关材料后决定是否对该公司股票交易实行其他风险警示。

13.3.4 上市公司出现本规则第 13.3.1 条第（四）项规定情形的，应当在事实发生之日后及时向本所报告、提交董事会意见并公告，同时披露股票交易可能被实行其他风险警示情形的风险提示公告。

本所在收到相关材料后决定是否对该公司股票交易实行其他风险警示。

13.3.5 上市公司应当按照本所的要求，在其股票交易被实行其他风险警示之前一交易日作出公告，公告内容参照本规则第 13. 2. 2 条的规定。

公司股票及其衍生品种于公告日停牌一天，自复牌之日起本所对该公司股票交易实行其他风险警示。

13. 3. 6　上市公司因本规则第 13. 3. 1 条第（四）项规定情形其股票交易被实行其他风险警示的，在风险警示期间，公司应当至少每月发布一次提示性公告，披露资金占用或者违规对外担保的解决进展情况。

13. 3. 7　上市公司认为其出现的本规则第 13. 3. 1 条第（一）项至第（三）项规定情形已消除的，可以向本所申请对其股票交易撤销其他风险警示。

13. 3. 8　上市公司认为其出现的本规则第 13. 3. 1 条第（四）项规定情形已消除的，应当及时对外公告，并可以向本所申请对其股票交易撤销其他风险警示：

（一）公司向控股股东或者其关联人提供资金事项情形已消除，并向本所申请对其股票交易撤销其他风险警示的，应当提交会计师事务所出具的专项审核报告、独立董事出具的专项意见等文件；

（二）公司违规对外担保事项已得到纠正，并向本所申请对其股票交易撤销其他风险警示的，应当提交律师事务所出具的法律意见书、独立董事出具的专项意见等文件。

13. 3. 9　上市公司因本规则第 13. 3. 1 条规定情形其股票交易被实行其他风险警示的，在风险警示期间，公司进行重大资产重组且满足以下全部条件的，可以向本所申请对其股票交易撤销其他风险警示：

（一）根据中国证监会有关重大资产重组规定出售全部经营性资产和负债、购买其他资产且已实施完毕；

（二）通过购买进入公司的资产是一个完整经营主体，该经营主体在进入上市公司前已在同一管理层之下持续经营三年以上；

（三）公司本次购买进入的资产最近一个会计年度经审计的净利润为正值；

（四）经会计师事务所审核的盈利预测显示，上市公司完成本次重组后盈利能力增强，经营业绩明显改善；

（五）不存在 13.3.1 条规定的情形；

（六）本所要求的其他条件。

13.3.10　上市公司向本所申请对其股票交易撤销其他风险警示后，应当于次一交易日披露相关公告。

上市公司提交完备的撤销其他风险警示申请材料的，本所将在十个交易日内作出是否同意其股票交易撤销其他风险警示的决定。在此期间，本所要求公司提供补充材料的，公司应当在本所规定期限内提供有关材料。公司补充材料期间不计入本所作出有关决定的期限内。

13.3.11　本所决定撤销其他风险警示的，上市公司应当按照本所要求在撤销其他风险警示的前一个交易日披露相关公告。

公告日公司股票及其衍生品种停牌一天，本所自复牌之日起对公司股票交易撤销其他风险警示。

13.3.12　本所决定不予撤销其他风险警示的，上市公司应当于收到本所书面通知的次一交易日披露相关公告。

第十四章　暂停、恢复、终止和重新上市

第一节　暂停上市

14.1.1　上市公司出现下列情形之一的，本所有权决定暂停其股票上市交易：

（一）因净利润触及本规则第 13.2.1 条第（一）项规定

情形其股票交易被实行退市风险警示后，首个会计年度经审计的净利润继续为负值；

（二）因净资产触及本规则第13.2.1条第（二）项规定情形其股票交易被实行退市风险警示后，首个会计年度经审计的期末净资产继续为负值；

（三）因营业收入触及本规则第13.2.1条第（三）项规定情形其股票交易被实行退市风险警示后，首个会计年度经审计的营业收入继续低于一千万元；

（四）因审计意见类型触及本规则第13.2.1条第（四）项规定情形其股票交易被实行退市风险警示后，首个会计年度的财务会计报告继续被出具无法表示意见或者否定意见的审计报告；

（五）因未在规定期限内改正财务会计报告触及本规则第13.2.1条第（五）项规定情形其股票交易被实行退市风险警示后，在两个月内仍未按要求改正其财务会计报告；

（六）因未在法定期限内披露年度报告或者半年度报告触及本规则第13.2.1条第（六）项规定情形其股票交易被实行退市风险警示后，在两个月内仍未披露年度报告或者半年度报告；

（七）因欺诈发触及本规则第13.2.1条第（七）项规定情形，其股票交易被实行退市风险警示的三十个交易日期限届满；

（八）因重大信息披露违法触及本规则第13.2.1条第（八）项规定情形，其股票交易被实行退市风险警示的三十个交易日期限届满；

（九）因股权分布不再具备上市条件触及本规则第13.2.1条第（九）项规定情形其股票交易被实行退市风险警示后，在六个月内其股权分布仍不具备上市条件；

（十）公司股本总额发生变化不再具备上市条件；

（十一）本所规定的其他情形。

14.1.2　上市公司依据本规则第 14.3.1 条申请其股票主动终止上市出现本规则第 14.1.1 条规定情形的，不适用本节规定。

14.1.3　上市公司出现本规则第 14.1.1 条第（一）项至第（四）项规定情形的，本所自公司披露年度报告之日起，对公司股票及其衍生品种实施停牌，并在停牌后十五个交易日内作出是否暂停其股票上市的决定。

公司应当在披露年度报告的同时披露股票可能被暂停上市的风险提示公告。

14.1.4　上市公司出现本规则第 14.1.1 条第（五）项、第（六）项规定情形的，本所自两个月期限届满后次一交易日对公司股票及其衍生品种实施停牌，并在停牌后十五个交易日内作出是否暂停其股票上市的决定。

本所决定公司股票暂停上市的，公司在其股票暂停上市期间应当至少披露三次股票可能被终止上市的风险提示公告。

14.1.5　上市公司出现本规则第 14.1.1 条第（七）项、第（八）项规定情形的，本所自三十个交易日期限届满后次一交易日对公司股票及其衍生品种实施停牌，并在停牌后的十五个交易日内作出是否暂停其股票上市的决定。

14.1.6　上市公司出现本规则第 14.1.1 条第（九）项规定情形的，本所自六个月期限届满后次一交易日对公司股票及其衍生品种实施停牌，并在停牌后十五个交易日内作出是否暂停其股票上市的决定。

14.1.7　上市公司出现本规则第 14.1.1 条第（十）项规定情形的，本所自规定期限届满后次一交易日对公司股票及其衍生品种实施停牌，并在停牌后十五个交易日内作出是否暂停其股票上市的决定。

14.1.8　上市公司因净利润、净资产、营业收入或者审计意见类型触及本规则第 13.2.1 条第（一）项至第（四）项规定情形其股票交易被实行退市风险警示后，预计首个会计年度年度报告披露后其股票存在暂停上市风险的，公司董事会应当在该会计年度结束后的二十个交易日内发布股票可能被暂停上市的风险提示公告，并在披露年度报告前至少再发布两次风险提示公告。

公司董事会在审议年度财务会计报告时应当就以下事项作出决议，并提交股东大会审议：

（一）如果公司股票被暂停上市，公司将与一家具有本规则第4.1条规定的代办股份转让主办券商业务资格的证券公司（以下简称“股份转让服务机构”）签订协议，协议约定由公司聘请该机构作为股票恢复上市的保荐人；如果公司股票终止上市，则委托该机构提供进入全国中小企业股份转让系统（以下简称“股份转让系统”）挂牌转让服务，并授权其办理证券交易所市场登记结算系统的股份退出登记，办理股份重新确认及股份转让系统的股份登记结算等事宜。

（二）如果公司股票被暂停上市，公司将与结算公司签订协议。协议约定（包括但不限于）：如果股票被终止上市，公司将委托结算公司作为全部股份的托管、登记和结算机构。

（三）如果公司股票被终止上市，公司将申请其股份进入股份转让系统中转让，股东大会授权董事会办理公司股票终止上市以及进入股份转让系统的有关事宜。

14.1.9　上市公司应当在股东大会通过本规则第14.1.8条所述提案后五个交易日内完成与股份转让服务机构和结算公司的协议签订工作，在相关协议签订后及时报送本所并对外披露。

14.1.10　因本规则第13.2.1条第（五）项至第（十一）项情形其股票交易被实行退市风险警示的上市公司，预计将出现或者已经出现本规则第14.1.1条被暂停上市情形的，公司董事会应当及时披露暂停上市风险提示公告，并参照本规则第

14.1.8条、第14.1.9条的规定对其股份进入股份转让系统挂牌转让相关事宜作出必要安排，完成有关事项的审议、协议签订等工作，并对外披露相关安排情况。

14.1.11 本所在作出暂停股票上市决定后的两个交易日内通知上市公司并公告，同时报中国证监会备案。

14.1.12 上市公司应当在收到本所暂停其股票上市的决定后及时披露股票暂停上市公告。股票暂停上市公告应当包括以下内容：

（一）暂停上市股票的种类、简称、证券代码以及暂停上市起始日；

（二）有关股票暂停上市决定的主要内容；

（三）董事会关于争取恢复股票上市的意见及具体措施；

（四）股票可能被终止上市的风险提示；

（五）暂停上市期间公司接受投资者咨询的主要方式；

（六）中国证监会和本所要求的其他内容。

14.1.13 公司在其股票暂停上市期间，应当继续履行上市公司的有关义务，并至少在每月前五个交易日内披露一次为恢复上市所采取的措施及有关工作进展情况。公司没有采取重大措施或者恢复上市计划没有相应进展的，也应当披露并说明具体原因。

因出现本规则第14.1.1条第（七）项、第（八）项规定情形其股票被暂停上市的公司，在其股票暂停上市期间，公司董事会还应当在定期报告中对其股票可能被终止上市的风险进行专项评估，提出应对预案并予以披露。

14.1.14 上市公司出现下列情形之一的，本所有权决定暂停其可转换公司债券上市：

（一）公司有重大违法行为；

（二）公司情况发生重大变化不符合可转换公司债券上市条件；

（三）发行可转换公司债券所募集的资金不按照核准的用途使用；

（四）未按照公司可转换公司债券募集办法履行义务；

（五）公司最近两个会计年度经审计的净利润为负值；

（六）因公司触及本规则第14.1.1条规定其股票被本所暂停上市的情形。

14.1.15 可转换公司债券暂停上市事宜参照本节股票暂停上市有关规定办理。

第二节 恢复上市

14.2.1 上市公司因净利润、净资产、营业收入或者审计意见类型触及本规则第14.1.1条第（一）项至第（四）项规定情形其股票被暂停上市的，在法定披露期限内披露经审计的暂停上市后首个年度报告且同时符合下列条件的，可以在公司披露年度报告后的五个交易日内向本所提出恢复股票上市的书面申请：

（一）最近一个会计年度经审计的净利润及扣除非经常性损益后的净利润均为正值；

（二）最近一个会计年度经审计的期末净资产为正值；

（三）最近一个会计年度经审计的营业收入不低于一千万元；

（四）最近一个会计年度的财务会计报告未被出具保留意见、无法表示意见或者否定意见的审计报告；

（五）具备持续经营能力；

（六）具备健全的公司治理结构和内部控制制度且运作规范，财务会计报告无虚假记载；

（七）不存在本规则规定的股票应当被暂停上市或者终止上市的情形；

（八）本所认为需具备的其他条件。

14.2.2 上市公司因未在规定期限内改正其财务会计报告或者未在法定期限内披露年度报告或者半年度报告触及本规则第14.1.1条第（五）项、第（六）项规定情形其股票被暂停上市的，在暂停上市后两个月内披露了经改正的财务会计报告、相关年度报告或者半年度报告的，可以在公司披露相关报告后五个交易日内向本所提出恢复上市的书面申请。

14.2.3 上市公司因欺诈发行、重大信息披露违法触及本规则第14.1.1条第（七）项、第（八）项规定情形其股票被本所暂停上市的，在暂停上市后符合下列情形之一的，本所在收到中国证监会、公安机关、人民检察院或人民法院相关决定或裁判文书后的五个交易日内，作出撤销对公司股票暂停上市的决定：

（一）中国证监会行政处罚决定被依法撤销，且中国证监会不能以欺诈发行、重大信息披露违法为由重新对公司作出行政处罚决定，或者因对违规行为性质的认定发生根本性变化，被依法变更的；

（二）公安机关决定不予立案或者撤销案件，人民检察院作出不起诉决定，人民法院作出无罪判决或者免于刑事处罚，且中国证监会不能以欺诈发行、重大信息披露违法为由依法对公司作出行政处罚决定。

14.2.4 公司应当在收到前述相关法律文书后及时发布公告，说明公司是否将依据本规则规定向本所申请恢复上市，并应当在公告后的五个交易日内向本所提交恢复上市的书面申请。公司如还存在触及本规则规定的除欺诈发行、重大信息披露违法情形外的风险警示、暂停上市、终止上市情形的，应当同时适用相关规定。上市公司因本规则第14.1.1条第（八）项规定情形股票被暂停上市的，在暂停上市后同时符合下列要求，且不存在本规则规定的除欺诈发行、重大信息披露违法情形外的暂停上市情形的，公司可以在披露违法情形影响消除公告后的五个交易日内，向本所提出恢复上市的书面申请：

（一）已全面纠正违法行为；

（二）已及时撤换有关责任人员；

（三）已对民事赔偿责任作出妥善安排。

14.2.5 上市公司因本规则第14.1.1条第（九）项规定情形股票被暂停上市的，在暂停上市后的六个月内其股权分布重新具备上市条件的，可以在股权分布重新具备上市条件后的五个交易日内向本所提出恢复上市的书面申请。

14.2.6 上市公司因本规则第14.1.1条第（十）项规定情形股票被暂停上市的，在本所规定的期限内上述情形已消除的，可以在事实发生后五个交易日内向本所提出恢复上市的书面申请。

14.2.7 上市公司应当聘请股份转让服务机构担任其恢复上市的保荐人。

保荐人应当对公司股票恢复上市申请材料的真实性、准确性、完整性进行核查，就公司是否具备恢复上市条件出具恢复上市保荐书，并保证承担连带责任。

上市公司因本规则第14.2.3条所述情形申请恢复上市的，不适用本条前两款的规定。公司应当聘请律师就导致公司股票暂停上市的情形是否完全消除出具专门意见，并对公司是否还存在触及本规则规定的除欺诈发行、重大信息披露违法情形外的风险警示、暂停上市、终止上市情形等情况作出说明。

14.2.8 保荐人在核查过程中，至少应当对下列情况予以充分关注和尽职核查，并出具核查报告：

（一）公司规范运作的情况：包括人员、资产、财务的独立性，关联交易情况，重大出售或者购买资产行为的规范性，重组后的业务方向，经营状况是否发生实质性好转，以及与控股股东、实际控制人之间的同业竞争关系等；

（二）公司财务风险的情况：包括公司的收入确认、非经常性损益的确认是否合规，会计师事务所出具的非标准无保留审计意见所涉及事项对公司是否存在重大影响，公司对涉及明显违反会计准则及相关信息披露规范性规定的事项进行纠正和调整的情况等；

（三）公司或有风险的情况：包括资产出售、抵押、置换、委托经营、重大对外担保、重大诉讼、仲裁情况（适用本规则有关累计计算规定），以及上述事项对公司经营产生的不确定性影响等；

（四）上市公司因净利润、净资产、营业收入或者审计意见类型触及本规则第 14.1.1 条第（一）项至第（四）项规定情形其股票被暂停上市的，保荐人还应当就公司是否符合本规则第 14.2.1 条规定的第（一）项至第（八）项恢复上市条件逐项发表明确意见。

对于公司存在的各种不规范行为，恢复上市的保荐人应当要求公司改正。公司未按要求改正的，保荐人应当拒绝为其出具恢复上市保荐书。

14.2.9　上市公司依据本规则第 14.2.2 条的规定向本所申请其股票恢复上市的，保荐人对公司进行尽职核查时，除 14.2.8 条要求外，还应当关注下列情形并在核查报告中逐项作出说明：

（一）公司财务会计政策是否稳健，公司内部控制制度是否健全和有效；

（二）会计师事务所是否认为公司内部控制制度存在较大缺陷，公司是否已根据会计师事务所的意见进行了整改（如适用）；

（三）公司是否已按有关规定改正其财务会计报告（如适用）。

14.2.10　上市公司依据本规则第 14.2.4 条的规定向本所申请其股票恢复上市的，保荐人应当在尽职核查时对下列情形予以关注，并在核查报告中逐项作出说明：

（一）公司重大信息披露违法行为影响是否已消除、风险是否已控制；

（二）公司是否具备可持续的盈利能力；

（三）公司治理结构和内部控制制度是否健全，运作是否规范；

（四）公司是否符合第 14.2.4 条的规定要求、是否具备申请恢复上市的条件。

14.2.11　保荐人在对依据本规则第 14.2.5 条、第 14.2.6 条的规定申请其股票恢复上市的公司进行尽职核查时，应当对导致公司股票被暂停上市的情形是否已完全消除等情况予以充分关注，并在核查报告中作出说明。

14.2.12　保荐人出具的恢复上市保荐书应当包括以下内容：

（一）公司的基本情况；

（二）公司存在的主要风险，以及原有风险是否已经消除的说明；

（三）对公司前景的评价；

（四）核查报告的具体内容；

（五）公司是否完全符合恢复上市条件及其依据的说明；

（六）无保留且表述明确的保荐意见及其理由；

（七）关于保荐人和相关保荐代表人具备相应保荐资格以及保荐人内部审核程序的说明；

（八）保荐人是否存在可能影响其公正履行保荐职责情形的说明；

（九）保荐人比照有关规定所作出的承诺事项；

（十）对公司持续督导期间的工作安排；

（十一）保荐人和相关保荐代表人的联系地址、电话和其他通讯方式；

（十二）保荐人认为应当说明的其他事项；

（十三）中国证监会和本所要求的其他内容。

恢复上市保荐书应当由保荐人法定代表人（或者授权代表）和相关保荐代表人签字，注明签署日期并加盖保荐人公章。

14.2.13　申请股票恢复上市的公司应当聘请律师对其恢复上市申请的合法、合规性进行充分的核查验证，对有关申请材料进行审慎审阅，并出具法律意见书。律师及其所在的律师事务所应当对恢复上市申请材料的真实性、准确性、完整性承担相应的法律责任。

14.2.14　前条所述法律意见书应当对下列事项明确发表结论性意见：

（一）公司的主体资格；

（二）公司是否完全符合恢复上市的实质条件；

（三）公司的业务及发展目标；

（四）公司治理和规范运作情况；

（五）关联交易和同业竞争；

（六）公司的主要财产；

（七）重大债权、债务；

（八）重大资产变化及收购兼并情况；

（九）公司纳税情况；

（十）重大诉讼、仲裁；

（十一）公司受到的行政处罚；

（十二）律师认为需要说明的其他问题。

律师就上述事项所发表的结论性意见应当包括是否合法合规、是否真实有效，是否存在纠纷或者潜在风险等。

律师为依据本规则第14.2.4条的规定申请其股票恢复上市的公司出具意见的，除应当遵守本条前两款的规定外，还应当对公司是否符合本规则第14.2.4条要求的条件进行逐项核查，并在法律意见书中作出说明。

14.2.15 上市公司提出恢复上市申请时，应当向本所提交下列文件：

（一）恢复上市申请书；

（二）董事会关于符合恢复上市条件，同意申请恢复上市的决议；

（三）董事会关于暂停上市期间公司为恢复上市所做主要工作的报告；

（四）董事会关于公司已全面纠正违法行为、及时撤换有关责任人员、对民事赔偿责任承担作出妥善安排等情况的具体说明（如适用）；

（五）董事会关于公司治理结构和内部控制制度建立及运行的情况说明；

（六）管理层从公司主营业务、经营活动、财务状况、或有事项、期后事项和其他重大事项等角度对公司实现盈利的情况、经营能力和盈利能力的持续性和稳定性作出的分析报告；

（七）关于公司重大资产重组方案的说明，包括重大资产重组的内部决策程序、资产交接、相关收益的确认、实施结果及相关证明文件等（如适用）；

（八）关于公司最近一个年度的重大关联交易说明，包括关联交易的内部决策程序、合同及有关记录、实施结果及相关证明文件等；

（九）关于公司最近一个年度的纳税情况说明；

（十）年度报告或者半年度报告及其审计报告原件；

（十一）保荐人出具的恢复上市保荐书以及保荐协议；

（十二）法律意见书；

（十三）董事会对非标准无保留审计意见的说明（如适用）；

（十四）会计师事务所对非标准无保留审计意见的说明

（如适用）；

（十五）按照本规则第14.1.9条规定与股份转让服务机构和结算公司签订的相关协议；

（十六）本所要求的其他有关材料。

因本规则第14.2.3条所述情形申请恢复上市的上市公司，不适用前款规定，公司应当向本所提交下列文件：

（一）恢复上市申请书；

（二）董事会关于符合恢复上市条件，同意申请恢复上市的决议；

（三）法律意见书；

（四）中国证监会、公安机关、人民检察院或人民法院相关决定或裁判文书；

（五）本所要求的其他有关材料。

公司应当在向本所提出恢复上市申请后次一交易日发布相关公告。

14.2.16　本所将在收到上市公司提交的恢复上市申请文件后的五个交易日内作出是否受理的决定并通知公司。

公司未能按照本规则第14.2.15条的要求提供申请文件的，本所不受理其股票恢复上市申请。

公司应当在收到本所关于是否受理其申请的决定后，及时披露决定的有关情况并提示其股票可能终止上市的风险。

14.2.17　本所上市委员会对公司股票恢复上市的申请进行审议，作出独立的专业判断并形成审核意见，本所依据上市委员会意见作出是否同意公司股票恢复上市申请的决定。

14.2.18　本所将在受理公司股票恢复上市申请后的三十个交易日内，作出是否同意其股票恢复上市申请的决定。在此期间，本所要求公司提供补充材料的，公司应当在本所规定期限内提供有关材料。公司提供补充材料的期限累计不得超过三十个交易日。公司补充材料期间不计入本所作出有关决定的期限内。

因本规则第 14. 2. 3 条所述情形申请恢复上市的上市公司，本所将在收到公司股票恢复上市申请后的十五个交易日内，作出是否同意其股票恢复上市申请的决定。在此期间，本所要求公司提供补充材料的，公司应当在本所规定期限内提供有关材料。公司提供补充材料的期限累计不得超过五个交易日。公司补充材料期间不计入本所作出有关决定的期限内。

公司未能在本所规定的期限内提供补充材料的，本所将在上述期限届满前作出是否同意公司股票恢复上市申请的决定。

14. 2. 19　本所受理上市公司股票恢复上市申请后，可以聘请具有从事证券、期货相关业务资格的会计师事务所就公司盈利等相关情况的真实性进行调查核实。

本所聘请会计师事务所进行调查核实期间不计入本规则第 14. 2. 18 条所述本所作出有关决定的期限内。

14. 2. 20　本所在作出同意公司股票恢复上市决定后两个交易日内通知公司，并报告中国证监会。

14. 2. 21　经本所审核同意恢复上市的，上市公司应当在收到有关决定后及时披露股票恢复上市公告。股票恢复上市公告应当包括以下内容：

（一）恢复上市股票的种类、简称、证券代码；

（二）有关股票恢复上市决定的主要内容；

（三）董事会关于恢复上市措施的具体说明；

（四）相关风险因素分析；

（五）中国证监会和本所要求的其他内容。

14. 2. 22　上市公司披露股票恢复上市公告五个交易日后，其股票恢复上市。

14. 2. 23　因本规则第 14. 1. 14 条各项情形可转换公司债券被暂停上市的，在暂停上市期间，上市公司符合下列条件的，可以向本所提出恢复其可转换公司债券上市的书面申请：

（一）因14.1.14条第（一）项、第（四）项所列情形之一可转换公司债券被暂停上市，经查实后果不严重的；

（二）因14.1.14条第（二）项情形可转换公司债券被暂停上市，在六个月内该情形消除的；

（三）因14.1.14条第（三）项情形可转换公司债券被暂停上市，在两个月内该情形消除的；

（四）因14.1.14条第（五）项情形可转换公司债券被暂停上市，在法定披露期限内披露经审计的暂停上市后首个年度报告，且年度报告显示公司净利润为正值的；

（五）因14.1.14条第（六）项情形可转换公司债券被暂停上市，公司股票符合恢复上市条件的。

14.2.24 可转换公司债券恢复上市事宜参照本节股票恢复上市有关规定办理。

第三节 主动终止上市

14.3.1 上市公司出现下列情形之一的，可以向本所申请终止其股票上市交易：

（一）上市公司股东大会决议主动撤回其股票在本所上市交易、并决定不再在证券交易所交易；

（二）上市公司股东大会决议主动撤回其股票在本所上市交易，并转而申请在其他交易场所交易或转让；

（三）上市公司股东大会决议解散；

（四）上市公司因新设合并或者吸收合并，不再具有独立主体资格并被注销；

（五）上市公司以终止公司股票上市为目的，向公司所有股东发出回购全部股份或者部分股份的要约，导致公司股本总额、股权分布等发生变化不再具备上市条件；

（六）上市公司股东以终止公司股票上市为目的，向公司所有其他股东发出收购全部股份或者部分股份的要约，导致公司股本总额、股权分布等发生变化不再具备上市条件；

（七）上市公司股东以外的其他收购人以终止公司股票上市为目的，向公司所有股东发出收购全部股份或者部分股份的要约，导致公司股本总额、股权分布等发生变化不再具备上市条件；

（八）中国证监会或本所认可的其他主动终止上市情形。

A 股股票和 B 股股票同时在本所上市交易的上市公司，依照前款规定申请主动终止上市的，如无特殊理由其 A 股股票和 B 股股票应当同时终止上市。

14.3.2　上市公司出现本规则第 14.3.1 条第（一）项、第（二）项规定情形的，应当经出席股东大会的股东所持表决权的三分之二以上通过，且经出席会议的除以下股东以外的其他股东所持表决权的三分之二以上通过：

（一）上市公司的董事、监事、高级管理人员；

（二）单独或者合计持有上市公司 5% 以上股份的股东。

14.3.3　上市公司因本规则第 14.3.1 条第（一）项、第（二）项规定情形召开公司股东大会的，应当及时向本所提交下列文件并公告：

（一）董事会关于申请主动终止上市的决议；

（二）召开股东大会通知；

（三）主动终止上市预案；

（四）独立董事意见；

（五）财务顾问报告；

（六）本所要求的其他文件。

前款第（三）项所称"主动终止上市预案"，应当包括但不限于：公司终止上市原因、终止上市方式、终止上市后并购重组安排及经营发展计划、重新上市安排或代办股份转让安排、异议股东保护措施，以及公司董事会关于主动终止上市对公司长远发展和全体股东利益的影响分析等相关内容。

独立董事应当就主动终止上市事项是否有利于公司长远发展和全体股东利益，向除上市公司的董事、监事、高级管理人员、单独或者合计持有上市公司5%以上股份的股东以外的其他股东征询意见，并在此基础上发表意见。

公司应当申请其股票及其衍生品种自股东大会股权登记日的次一交易日起停牌，并在股东大会审议通过主动终止上市决议后及时披露决议情况。公司可以在股东大会决议后的十五个交易日内向本所提交主动终止上市的书面申请。

公司主动终止上市决议未获股东大会审议通过的，应当及时向本所申请其股票及其衍生品种自公司股东大会决议公告当日起复牌。

14.3.4　上市公司因本规则第14.3.1条第（三）项规定情形召开公司股东大会的，应当及时向本所提交下列文件并公告：

（一）董事会决议；

（二）召开股东大会通知；

（三）董事会关于解散原因、解散安排及异议股东保护措施等情况说明；

（四）法律、行政法规、部门规章、规范性文件、本所及公司章程要求的其他文件。

公司应当及时对外披露股东大会审议情况。如股东大会审议通过上述议案的，公司应当立即向本所报告，并根据有关规定申请办理其股票及其衍生品种停复牌事宜。

14.3.5　上市公司因本规则第14.3.1条第（四）项规定情形召开公司股东大会的，应当及时向本所提交下列文件并公告：

（一）董事会决议；

（二）召开股东大会通知；

（三）公司合并预案（须包括异议股东保护措施）；

（四）独立董事意见；

（五）财务顾问报告；

（六）法律意见书；

（七）法律、行政法规、部门规章、规范性文件、本所及公司章程要求的其他文件。

公司应当及时对外披露股东大会审议情况。如股东大会审议通过上述议案的，公司应当立即向本所报告，并根据有关规定申请办理其股票及其衍生品种停复牌事宜。

14.3.6　上市公司因本规则第14.3.1条第（五）项规定情形召开公司股东大会的，应当及时向本所提交下列文件并公告：

（一）董事会决议；

（二）召开股东大会通知；

（三）回购报告书或预案（须包括异议股东保护措施、终止上市后续安排）；

（四）独立董事意见；

（五）财务顾问报告；

（六）法律、行政法规、部门规章、规范性文件、本所要求的其他文件。

公司应当及时对外披露股东大会审议情况。如股东大会审议通过上述议案的，公司应当立即向本所报告，并根据有关规定申请办理其股票及其衍生品种停复牌事宜。

14.3.7　上市公司出现本规则第14.3.1条第（六）项、第（七）项规定情形的，其股票及其衍生品种自公司披露收购结果公告或者其他相关股权变动公告之日起停牌。

14.3.8　上市公司因自愿解散、公司合并、回购股份及要约收购等情形依据本规则第14.3.1条第（三）项至第（七）项的规定申请其股票终止上市的，应当同时遵守《公司法》、《证券法》、中国证监会、本所及公司章程关于上市公司解散、重组、回购、收购等相关规定的要求，履行相应审议程序和披露义务，安排公司股票及其衍生品种的停牌与复牌，及时向本所提交主动终止上市的申请。

14.3.9　上市公司依据本规则第14.3.1条的规定向本所申请其股票终止上市的，应当向本所提交下列文件：

（一）终止上市申请书；

（二）股东大会决议（如适用）；

（三）相关终止上市方案；

（四）财务顾问报告；

（五）法律意见书；

（六）本所要求的其他文件。

14.3.10　本所将在收到上市公司提交的终止上市申请文件后五个交易日内作出是否受理的决定并通知公司。

公司未能按本节的要求提供申请文件的，本所不受理其股票终止上市申请。

公司应当在收到本所关于是否受理其申请的决定后，及时披露决定的有关情况并提示其股票可能终止上市的风险。

14.3.11　本所上市委员会对公司股票终止上市的申请进行审议，作出独立的专业判断并形成审核意见。

上市公司依据本规则第14.3.1条第（一）项、第（二）项的规定申请其股票终止上市的，本所将在受理公司申请后的十五个交易日内，依据上市委员会意见作出是否同意公司股票终止上市申请的决定。

上市公司因自愿解散、公司合并、回购股份、要约收购等情形依据本规则第14.3.1条第（三）项至第（七）项的规定申请其股票终止上市的，除另有规定外，本所将在上市公司披露回购或者收购结果公告、合并交易完成公告、解散决议公告后的十五个交易日内，依据上市委员会意见作出是否同意公司股票终止上市申请的决定。

14.3.12　在本所受理公司申请至作出决定期间，本所要求公司提供补充材料的，公司应当在本所规定期限内提供有关材料。公司提供补充材料的期限累计不得超过三十个交易日。公司补充材料期间不计入本所作出有关决定的期限内。

公司未能在本所规定的期限内提供补充材料的，本所将在上述期限届满前作出是否同意公司股票终止上市申请的决定。

14.3.13　本所在作出同意公司股票终止上市决定后两个交易日内通知公司，并于两个交易日内发布相关公告，同时报中国证监会备案。

14.3.14　因本规则第14.3.1条规定情形其股票被终止上市且法人主体资格将存续的公司，应当对公司股票终止上市后转让或交易、异议股东保护措施作出具体安排，保护中小投资者的合法权益。

14.3.15　上市公司应当在收到本所关于终止其股票上市决定后及时披露股票终止上市公告。

股票终止上市公告应当包括以下内容：

（一）终止上市股票的种类、简称、证券代码以及终止上市的日期；

（二）终止上市决定的主要内容；

（三）公司股票终止上市后相关安排、异议股东保护措施落实情况等；

（四）终止上市后其股票登记、转让、管理事宜（如适用）；

（五）终止上市后公司的联系人、联系地址、电话和其他通讯方式；

（六）中国证监会和本所要求的其他内容。

第四节　强制终止上市

14.4.1　上市公司出现下列情形之一的，本所有权决定终止其股票上市交易：

（一）公司因净利润、净资产、营业收入或者审计意见类型触及本规则第 14.1.1 条第（一）项至第（四）项规定情形其股票被暂停上市的，未能在法定期限内披露暂停上市后的首个年度报告；

（二）公司因净利润、净资产、营业收入或者审计意见类型触及本规则第 14.1.1 条第（一）项至第（四）项规定情形其股票被暂停上市的，暂停上市后首个年度报告显示公司净利润或者扣除非经常性损益后的净利润为负值；

（三）公司因净利润、净资产、营业收入或者审计意见类型触及本规则第 14.1.1 条第（一）项至第（四）项规定情形其股票被暂停上市的，暂停上市后首个年度报告显示公司期末净资产为负值；

（四）公司因净利润、净资产、营业收入或者审计意见类型触及本规则第 14.1.1 条第（一）项至第（四）项规定标准其股票被暂停上市的，暂停上市后首个年度报告显示公司营业收入低于一千万元；

（五）公司因净利润、净资产、营业收入或者审计意见类型触及本规则第 14.1.1 条第（一）项至第（四）项规定情形其股票被暂停上市的，暂停上市后首个年度报告显示公司财务会计报告被出具保留意见、无法表示意见或否定意见的审计报告；

（六）公司因净利润、净资产、营业收入或者审计意见类型触及本规则第 14.1.1 条规定情形其股票被暂停上市的，在法定期限内披露了暂停上市后首个年度报告但未能在其后五个交易日内提出恢复上市申请；

（七）公司因未在规定期限内改正财务会计报告或者未在法定期限内披露年度报告、半年度报告等出现本规则第 14.1.1 条第（五）项、第（六）项规定情形其股票被暂停上市的，在两个月内仍未能披露经改正的财务会计报告、相关年度报告或者半年度报告；

（八）公司因未在规定期限内改正财务会计报告或者未在法定期限内披露年度报告、半年度报告触及本规则第 14. 1. 1 条第（五）项、第（六）项规定情形其股票被暂停上市的，在两个月内披露了经改正的财务会计报告、相关年度报告或者半年度报告但未能在其后的五个交易日内提出恢复上市申请；

（九）公司因欺诈发行触及本规则第 14. 1. 1 条第（七）项规定情形其股票被暂停上市后，在中国证监会作出行政处罚决定、移送决定之日起的十二个月内被法院作出有罪判决或者在前述规定期限内未满足恢复上市条件；

（十）公司因重大信息披露违法触及本规则第 14. 1. 1 条第（八）项规定情形其股票被暂停上市后，在中国证监会作出行政处罚决定、移送决定之日起的十二个月内被法院作出有罪判决或者在前述规定期限内未满足恢复上市条件；

（十一）公司因欺诈发行、重大信息披露违法触及本规则第 14. 1. 1 条第（七）项、第（八）项规定标准其股票被暂停上市后，符合本规则规定的恢复上市申请条件但未在规定期限内向本所提出恢复上市申请；

（十二）公司因股权分布变化不再具备上市条件触及本规则第 14. 1. 1 条第（九）项规定情形其股票被暂停上市后，在六个月内股权分布仍不具备上市条件，或虽已具备上市条件但未在规定期限内向本所提出恢复上市申请；

（十三）公司因股本总额发生变化不再具备上市条件触及本规则第 14. 1. 1 条第（十）项规定标准其股票被暂停上市后，在本所规定的期限内仍不具备上市条件，或虽已具备上市条件但未在规定期限内向本所提出恢复上市申请；

（十四）在本所仅发行 A 股股票的主板上市公司，通过本所交易系统连续一百二十个交易日（不含公司股票全天停牌的交易日）股票累计成交量低于五百万股；

（十五）在本所仅发行B股股票的主板上市公司，通过本所交易系统连续一百二十个交易日（不含公司股票全天停牌的交易日）股票累计成交量低于一百万股；

（十六）在本所既发行A股股票又发行B股股票的主板上市公司，通过本所交易系统连续一百二十个交易日（不含公司股票全天停牌的交易日）其A股股票累计成交量低于五百万股且其B股股票累计成交量同时低于一百万股；

（十七）中小企业板上市公司股票通过本所交易系统连续一百二十个交易日（不含公司股票全天停牌的交易日）股票累计成交量低于三百万股；

（十八）在本所仅发行A股股票的上市公司，通过本所交易系统连续二十个交易日（不含公司股票全天停牌的交易日）的每日股票收盘价均低于股票面值；

（十九）在本所仅发行B股股票的上市公司，通过本所交易系统连续二十个交易日（不含公司股票全天停牌的交易日）的每日股票收盘价均低于股票面值；

（二十）在本所既发行A股股票又发行B股股票的上市公司，通过本所交易系统连续二十个交易日（不含公司股票全天停牌的交易日）的A股、B股每日股票收盘价同时均低于股票面值；

（二十一）主板上市公司连续二十个交易日（不含公司股票全天停牌的交易日、不含公司首次公开发行股票上市之日起的二十个交易日）股东人数低于二千人；

（二十二）中小企业板上市公司连续二十个交易日（不含公司股票全天停牌的交易日、不含公司首次公开发行股票上市之日起的二十个交易日）股东人数低于一千人；

（二十三）公司被法院宣告破产；

（二十四）公司被依法强制解散；

（二十五）中小企业板上市公司最近三十六个月内累计受到本所三次公开谴责；

（二十六）恢复上市申请未被受理；

（二十七）恢复上市申请未被审核同意；

（二十八）本所规定的其他情形。

上市公司依据本规则第14.3.1条申请其股票主动终止上市出现前款相关情形的，不适用本节的规定。

14.4.2　上市公司出现本规则第14.4.1条第（二十六）项、第（二十七）项规定情形的，本所在不予受理或者不予同意恢复上市的同时作出终止上市决定。

出现本规则第14.4.1条第（一）项至第（二十五）项和第（二十八）项规定情形的，由本所上市委员会对上市公司股票终止上市事宜进行审议，作出独立的专业判断并形成审核意见。本所依据上市委员会的审核意见，作出公司股票是否终止上市的决定。

14.4.3　上市公司出现本规则第14.4.1条第（一）项规定情形的，本所自法定披露期限届满后的十五个交易日内作出公司股票是否终止上市的决定。

14.4.4　上市公司出现本规则第14.4.1条第（二）项至第（五）项规定情形的，应当自董事会审议年度报告后及时向本所报告并披露，同时发布可能被终止上市的风险提示公告。本所自公司年度报告披露后的十五个交易日内作出公司股票是否终止上市的决定。

公司预计可能出现本规则第14.4.1条第（二）项至第（五）项规定情形的，公司董事会应当在会计年度结束后的十个交易日内发布可能终止上市的风险提示公告。

14.4.5　上市公司出现本规则第14.4.1条第（七）项规定情形的，本所自两个月期限届满后的十五个交易日内作出公司股票是否终止上市的决定。

14.4.6　上市公司出现本规则第 14.4.1 条第（六）项、第（八）项规定情形的，本所在限定的恢复上市申请期限届满后的十五个交易日内作出公司股票是否终止上市的决定。

14.4.7　上市公司出现本规则第 14.4.1 条第（九）项、第（十）项规定情形的，本所在中国证监会作出行政处罚决定、移送决定之日起十二个月期限届满前的十五个交易日内，作出公司股票是否终止上市的决定。

法院在前款规定期限之前已作出有罪判决的，本所自收到相关判决文件之日起的十五个交易日内作出公司股票是否终止上市的决定。

14.4.8　上市公司出现本规则第 14.4.1 条第（十一）项规定情形的，本所在规定的恢复上市申请期限届满后的十五个交易日内作出公司股票是否终止上市的决定。

14.4.9　上市公司出现本规则第 14.4.1 条第（十二）项规定情形的，本所在六个月期限届满后的十五个交易日内或者规定的恢复上市申请期限届满后的十五个交易日内作出公司股票是否终止上市的决定。

14.4.10　上市公司出现本规则第 14.4.1 条第（十三）项规定情形的，本所在规定期限届满后的十五个交易日内作出公司股票是否终止上市的决定。

14.4.11　上市公司出现本规则第 14.4.1 条第（十四）项至第（二十二）项规定情形的，应当在事实发生的次一交易日披露。公司股票及其衍生品种自公告之日起停牌，本所自公司股票停牌起十五个交易日内作出公司股票是否终止上市的决定。

14.4.12　在本所仅发行 A 股股票的主板上市公司，出现连续九十个交易日通过本所交易系统实现的累计股票成交量低于五百万股的，应当在次一交易日发布公司股票可能被终止上市的风险提示公告，其后每个交易日披露一次，直至自上述九十个交易日的起算时点起连续一百二十个交易日内通过本所交易系统实现的累计成交量高于五百万股或者本所作出公司股票终止上市的决定之日止（以先达到的日期为准）。

在本所仅发行 B 股股票的主板上市公司，出现连续九十个交易日通过本所交易系统实现的累计股票成交量低于一百万股的，应当在次一交易日发布公司股票可能被终止上市的风险提示公告，其后每个交易日披露一次，直至自上述九十个交易日的起算时点起连续一百二十个交易日内通过本所交易系统实现的累计成交量高于一百万股或者本所作出公司股票终止上市的决定（以先达到的日期为准）。

在本所既发行 A 股股票又发行 B 股股票的主板上市公司，其 A 股、B 股股票的成交量同时触及前两款规定的标准的，应当在次一交易日发布公司股票可能被终止上市的风险提示公告，其后每个交易日披露一次，直至自上述九十个交易日的起算时点起连续一百二十个交易日内 A 股股票通过本所交易系统实现的累计成交量出现高于五百万股或者 B 股股票通过本所交易系统实现的累计成交量出现高于一百万股，或者本所作出公司股票终止上市的决定（以先达到的日期为准）。

本所中小企业板上市公司，出现连续九十个交易日通过本所交易系统实现的累计股票成交量低于三百万股的，应当在次一交易日发布公司股票可能被终止上市的风险提示公告，其后每个交易日披露一次，直至自上述九十个交易日的起算时点起连续一百二十个交易日内通过本所交易系统实现的累计成交量高于三百万股或者本所作出公司股票终止上市的决定之日止（以先达到的日期为准）。

14.4.13　上市公司出现连续十个交易日每日股票收盘价低于每股面值的，应当在次一交易日发布公司股票可能被终止上市的风险提示公告，其后每个交易日披露一次，直至收盘价低于每股面值的情形消除或者本所作出公司股票终止上市的决定。

14.4.14　主板上市公司出现连续十个交易日股东人数低于二千人的，应当在次一交易日发布公司股票可能被终止上市的风险提示公告，其后每个交易日披露一次，直至股东人数低于二千人的情形消除或者本所作出公司股票终止上市的决定；

中小企业板上市公司出现连续十个交易日股东人数低于一千人的，应当在次一交易日发布公司股票可能被终止上市的风险提示公告，其后每个交易日披露一次，直至股东人数低于一千人的情形消除或者本所作出公司股票终止上市的决定。

14.4.15　上市公司出现本规则第 14.4.1 条第（二十三）项规定情形的，应当在收到法院宣告公司破产的裁定文件的当日向本所报告并于次日公告。本所在公司发布公告后十五个交易日内作出公司股票是否终止上市的决定。

14.4.16　上市公司出现本规则第 14.4.1 条第（二十四）项规定情形的，应当于公司知悉依法被吊销营业执照、责令关闭或者被撤销等解散条件成立时，立即向本所报告并于次日公告，公司股票及其衍生品种于本所知悉该情形之日起停牌。

本所在公司发布公告后十五个交易日内作出公司股票是否终止上市的决定。

14.4.17　中小企业板上市公司出现本规则第 14.4.1 条第（二十五）项规定情形的，应当在事实发生的次一交易日披露。公司股票及其衍生品种于公告日停牌，本所自公司股票停牌起十五个交易日内作出公司股票是否终止上市的决定。

中小企业板上市公司最近三十六个月内受到本所两次公开谴责的，应当自第二次受到公开谴责起，每月发布一次公司股票可能被终止上市的风险提示公告，直至从第一次受到公开谴责起算的三十六个月期限届满或者本所作出公司股票终止上市的决定。

14.4.18　本所可以视情况调整上市公司风险提示公告披

露次数的要求。

14.4.19　本所在作出是否终止股票上市决定前，可以聘请具有从事证券、期货相关业务资格的会计师事务所等证券服务机构就公司盈利等相关情况的真实性进行调查核实，并将核查结果提交上市委员会审议。调查核实期间不计入本所作出有关终止上市决定的期限之内。

本所要求公司提供补充材料的，公司应当在本所规定期限内提供有关材料。公司补充材料期间不计入本所做出有关决定的期限内。

公司提供补充材料的期限累计不得超过三十个交易日。

14.4.20　本所在作出公司股票终止上市决定后两个交易日内通知公司，并于两个交易日内发布相关公告，同时报中国证监会备案。

14.4.21　截至本所作出终止上市决定时，上市公司仍未聘请股份转让服务机构的，本所在作出公司股票终止上市决定的同时为其指定临时股份转让服务机构，通知公司和股份转让服务机构，公司应当在两个交易日内就上述事项发布相关公告（公司破产、解散或者被依法责令关闭的除外）。

14.4.22　上市公司应当在收到本所关于终止其股票上市决定后及时披露股票终止上市公告。

股票终止上市公告应当包括以下内容：

（一）终止上市股票的种类、简称、证券代码以及终止上市的日期；

（二）终止上市决定的主要内容；

（三）终止上市后其股票登记、转让、管理事宜；

（四）终止上市后公司的联系人、联系地址、电话和其他通讯方式；

（五）中国证监会和本所要求的其他内容。

14.4.23　自本所作出上市公司股票终止上市的决定后五

个交易日届满的次一交易日起，公司股票进入退市整理期，但本所另有规定的除外。

退市整理期的期限为三十个交易日。

公司股票在退市整理期间的全天停牌不计入退市整理期。

14.4.24 退市整理期间，上市公司股票进入退市整理板交易，并不再在主板或者中小企业板行情中揭示。

退市整理期间，公司股票价格的日涨跌幅限制为10%。

14.4.25 退市整理期间，上市公司应当每五个交易日发布一次股票将被终止上市的风险提示公告，在最后的五个交易日内应当每日发布一次股票将被终止上市的风险提示公告。

14.4.26 退市整理期届满的次一交易日，本所对公司股票予以摘牌，上市公司股票终止上市。

公司股票未进入退市整理期交易的，本所在公司发布股票终止上市公告日的次一交易日对其予以摘牌，公司股票终止上市。

14.4.27 退市整理期具体事宜由本所另行规定。

14.4.28 上市公司应当在股票被终止上市后及时做好相关工作，以确保公司股份在本所退市整理期届满后四十五个交易日内可以进入股份转让系统挂牌转让。

14.4.29 上市公司出现下列情形之一的，本所有权决定终止其可转换公司债券上市：

（一）因本规则第14.1.14条第（一）项、第（四）项规定情形之一可转换公司债券被暂停上市后，经查实后果严重的；

（二）因本规则第14.1.14条第（二）项规定情形可转换公司债券被暂停上市后，在六个月内该情形未能消除的；

（三）因本规则第14.1.14条第（三）项规定情形可转换公司债券被暂停上市后，在两个月内该情形未能消除的；

（四）因本规则第14.1.14条第（五）项规定情形，公司未能在法定期限内披露暂停上市后首个年度报告，或者在法定期限内披露暂停上市后首个年度报告显示公司净利润为负值，或者未能在披露暂停上市后首个年度报告后五个交易日内提出恢复上市申请的；

（五）因本规则第14.3.1条、第14.4.1条规定公司股票被本所终止上市的。

14.4.30　可转换公司债券终止上市事宜，参照本节股票终止上市有关规定办理。

本所对可转换公司债券及其他衍生品种的终止上市事宜另有规定的，从其规定。

14.4.31　公司因欺诈发行、重大信息披露违法触及本规则第14.4.1条第（九）项、第（十）项规定情形其股票被本所终止上市后，出现下列情形之一的，本所将在收到中国证监会、公安机关、人民检察院或人民法院相关决定或裁判文书之日起的五个交易日内，作出撤销原终止其股票上市的决定：

（一）中国证监会行政处罚决定被依法撤销，且中国证监会不能以欺诈发行、重大信息披露违法为由重新对公司作出行政处罚决定，或者因对违规行为性质的认定发生根本性变化，被依法变更的；

（二）公安机关决定不予立案或者撤销案件，人民检察院作出不起诉决定，人民法院作出无罪判决或者免于刑事处罚，且中国证监会不能以欺诈发行、重大信息披露违法为由依法对公司作出行政处罚决定。

14.4.32　符合本规则第14.4.31条规定情形的公司，可以向本所提出恢复其股票正常交易的申请。公司应当提交以下申请文件：

（一）公司关于恢复其股票正常交易的申请书；

（二）公司董事会关于申请恢复其股票正常交易的决议；

（三）公司股东大会关于申请恢复其股票正常交易的

决议；

（四）中国证监会关于依法撤销对公司的行政处罚决定书或依法变更行政处罚决定的文件，或者公安机关、人民检察院或人民法院的相关决定或裁判文书；

（五）法律意见书；

（六）公司最近一年又一期经审计财务报告；

（七）公司前十大股东名册和公司持股5%以上股东的营业执照或有关身份证明文件；

（八）公司全部股份在结算公司深圳分公司托管的证明文件；

（九）公司董事、监事及高级管理人员持有本公司股份情况说明；

（十）本所要求的其他材料。本所将在收到公司提交申请文件后的五个交易日内，作出是否受理的决定并通知公司。

14.4.33 符合本规则第14.4.31条规定情形向本所提出申请的公司，如还存在触及本规则规定的除欺诈发行、重大信息披露违法情形外的风险警示、暂停上市、终止上市情形的，应当同时适用本规则的相关规定。

本所上市委员会对公司股票恢复正常交易的申请，作出独立的专业判断并形成审核意见，本所依据上市委员会意见，在受理公司申请后的十五个交易日内，作出是否同意恢复公司股票正常交易的决定。

在此期间，本所要求公司提供补充材料的，公司应当在本所规定期限内提供有关材料。公司提供补充材料的期限累计不得超过五个交易日。公司补充材料期间不计入本所作出有关决定的期限内。

14.4.34 符合本规则第14.4.31条规定情形向本所提出申请的公司，其董事、监事、高级管理人员、控股股东及其实际控制人所持股份在公司股票恢复正常交易时的流通或限售安排，应当按照法律、行政法规、部门规章、规范性文件及本所有关规定执行。

14.4.35　本所在作出恢复公司股票交易的决定后两个交易日内通知公司，并报告中国证监会。

公司应当在收到上述决定后及时公告，并按本所要求办理恢复股票交易的相关手续。

第五节　重新上市

14.5.1　上市公司在其股票终止上市后，达到本所规定的重新上市条件的，可以向本所申请重新上市。

申请重新上市的公司，应当同时符合以下条件：

（一）公司股本总额不少于五千万元；

（二）社会公众持有的股份占公司股份总数的比例为25%以上；公司股本总额超过四亿元的，社会公众持有的股份占公司股份总数的比例为10%以上；

（三）最近三年公司无重大违法行为，财务会计报告无虚假记载；

（四）公司最近三个会计年度的财务会计报告未被出具保留意见、无法表示意见或者否定意见的审计报告；

（五）公司最近三个会计年度经审计的净利润均为正值且累计超过三千万元（净利润以扣除非经常性损益前后较低者为计算依据）；

（六）公司最近三个会计年度经营活动产生的现金流量净额累计超过五千万元；或者公司最近三个会计年度营业收入累计超过三亿元；

（七）公司最近一个会计年度经审计的期末净资产为正值；

（八）公司最近三年主营业务未发生重大变化；

（九）公司最近三年董事、高级管理人员未发生重大变化；

（十）公司最近三年实际控制人未发生变更；

（十一）公司具备持续经营能力；

（十二）具备健全的公司治理结构和内部控制制度且运作规范；

（十三）公司董事、监事、高级管理人员具备法律、行政法规、部门规章、规范性文件、本所有关规定及公司章程规定的任职资格，且不存在影响其任职的情形；

（十四）本所要求的其他条件。

前款第（十三）项所称“影响其任职的情形”，包括：被中国证监会采取证券市场禁入措施尚在禁入期的；最近三十六个月内受到中国证监会行政处罚，或者最近十二个月内受到证券交易所公开谴责；因涉嫌犯罪被司法机关立案侦查或者涉嫌违法违规被中国证监会立案调查，尚未有明确结论意见等情形。

14.5.2　上市公司因欺诈发行或重大信息披露违法情形其股票被终止上市后，具备 14.5.1 条所述重新上市条件拟申请重新上市的，还应当符合以下条件：

（一）已全面纠正违法行为；

（二）已及时撤换有关责任人员；

（三）已对民事赔偿责任作出妥善安排。

公司应当聘请律师对前款所述事项进行逐项核查，就公司是否具备申请重新上市的主体资格、符合重新上市的条件出具专门意见。

重新上市保荐人应当在重新上市保荐书中对本条第一款所述事项逐项说明，并就公司欺诈发行、重大信息披露违法行为影响已基本消除、风险已得到控制，公司具备申请重新上市的条件明确发表意见。

14.5.3　重新上市的申请由本所上市委员会审核。本所将在受理公司重新上市申请后的规定期限内作出是否同意其股票重新上市申请的决定。

14.5.4　公司在其股票终止上市过程中不配合本所相关工作的，本所自公司股票终止上市后三年内不受理其重新上市的申请。

公司申请重新上市的具体事宜由本所另行规定。

第十五章　申请复核

15.1　发行人或者上市公司、重新上市申请公司（以下统称“申请人”）对本所作出的不予上市、暂停上市、终止上市、不予重新上市决定不服的，可以在收到本所相关决定后的十五个交易日内向本所申请复核，并提交下列文件：

（一）复核申请书；

（二）律师就申请复核事项出具的法律意见书；

（三）保荐人就申请复核事项出具的保荐意见书；

（四）本所要求的其他文件。

申请人应当在向本所提出复核申请后次一交易日发布相关公告。

15.2　本所在收到申请人提交的复核申请后五个交易日内作出是否受理的决定并通知申请人。

申请人未能按照本规则第15.1条的要求提供申请文件的，本所不受理其复核申请。

申请人应当在收到本所是否受理其申请的决定后及时披露决定的有关情况，并提示相关风险。

15.3　本所设立上诉复核委员会，对申请人的复核申请进行审议，作出独立的专业判断并形成审核意见。

15.4　本所在受理复核申请后三十个交易日内，依据上诉复核委员会的审核意见作出维持或者撤销不予上市、暂停上市、终止上市、不予重新上市的决定。该决定为终局决定。

在此期间，本所要求申请人提供补充材料的，申请人应当在本所规定期限内提供有关材料。申请人提供补充材料期间不计入本所作出有关决定的期限内。

第十六章　境内外上市事务

16.1　在本所上市的公司同时有证券在境外证券交易所上市的，应当保证境外证券交易所要求其披露的信息，同时在中国证监会指定媒体上按照本规则和本所其他有关规定的要求对外披露。

16.2　上市公司就同一事件履行报告和公告义务时，应当保证同时向本所和境外证券交易所报告，公告的内容一致。出现重大差异时，公司应当向本所说明，并按照本所要求披露更正或者补充公告。

16.3　本章未尽事宜，适用法律、行政法规、部门规章、规范性文件、本所其他有关规定以及本所与其他证券交易所签署的监管合作备忘录的规定。

第十七章　监管措施和违规处分

17.1　本所对本规则第 1.5 条规定的监管对象实施监管，具体监管措施包括：

（一）要求上市公司及相关信息披露义务人或者其董事（会）、监事（会）和高级管理人员、保荐人及其保荐代表人、证券服务机构及其相关人员对有关问题作出解释和说明；

（二）要求公司聘请相关中介机构对公司存在的问题进行核查并发表意见；

（三）向公司发出各种通知和函件等；

（四）约见相关人员；

（五）对相关当事人证券账户采取限制交易措施；

（六）暂不受理保荐人或者其保荐代表人、证券服务机构或者其相关人员出具的文件；

（七）向中国证监会报告有关违法违规行为；

（八）其他监管措施。

本规则第1.5条规定的监管对象应当积极配合本所的日常监管，在规定期限内回答本所问询，并按本所要求提交说明，或者披露相应的更正或者补充公告。

17.2　上市公司、相关信息披露义务人及其相关人员违反本规则、本所其他相关规定或者其所作出的承诺的，本所视情节轻重给予以下处分：

（一）通报批评；

（二）公开谴责。

17.3　上市公司董事、监事、高级管理人员违反本规则、本所其他相关规定或者其所作出的承诺的，本所视情节轻重给予以下处分：

（一）通报批评；

（二）公开谴责；

（三）公开认定其不适合担任上市公司董事、监事、高级管理人员。

以上第（二）项、第（三）项处分可以并处。

17.4　上市公司董事会秘书违反本规则、本所其他相关规定或者其所作出的承诺的，本所视情节轻重给予以下处分：

（一）通报批评；

（二）公开谴责；

（三）公开认定其不适合担任上市公司董事会秘书。

以上第（二）项、第（三）项处分可以并处。

17.5　保荐人及其保荐代表人、证券服务机构及其相关人员违反本规则或者本所其他相关规定的，本所视情节轻重给予以下处分：

（一）通报批评；

（二）公开谴责。

情节严重的，本所依法报中国证监会查处。

17.6　破产管理人和管理人成员违反本规则或者本所其他相关规定的，本所视情节轻重给予以下处分：

（一）通报批评；

（二）公开谴责；

（三）建议法院更换管理人或者管理人成员。

17.7　本所设立纪律处分委员会对涉及本规则第1.5条规定的监管对象的纪律处分事项进行审核，作出独立的专业判断并形成审核意见。

本所根据纪律处分委员会的审核意见，作出是否给予纪律处分的决定。

第十八章　释　　义

18.1　本规则下列用语具有如下含义：

（一）披露：指上市公司或者相关信息披露义务人按法律、行政法规、部门规章、规范性文件、本规则和本所其他有关规定在指定媒体上公告信息。

（二）重大事件：指对上市公司股票及其衍生品种交易价格可能产生较大影响的事项。

（三）及时：指自起算日起或者触及本规则披露时点的两个交易日内。

（四）高级管理人员：指公司经理、副经理、董事会秘书、财务负责人及公司章程规定的其他人员。

（五）控股股东：指其持有的股份占公司股本总额50%以

上的股东；或者持有股份的比例虽然不足50%，但依其持有的股份所享有的表决权已足以对股东大会的决议产生重大影响的股东。

（六）实际控制人：指通过投资关系、协议或者其他安排，能够支配、实际支配公司行为的自然人、法人或者其他组织。

（七）控制：指有权决定一个企业的财务和经营政策，并能据以从该企业的经营活动中获取利益。有下列情形之一的，为拥有上市公司控制权：

1. 为上市公司持股50%以上的控股股东；

2. 可以实际支配上市公司股份表决权超过30%；

3. 通过实际支配上市公司股份表决权能够决定公司董事会半数以上成员选任；

4. 依其可实际支配的上市公司股份表决权足以对公司股东大会的决议产生重大影响；

5. 中国证监会或者本所认定的其他情形。

（八）内部职工股：指原定向募集股份有限公司的内部职工认购的股票。

（九）上市公司控股子公司：指上市公司持有其50%以上股份，或者能够决定其董事会半数以上成员组成，或者通过协议或其他安排能够实际控制的公司。

（十）股权分布发生变化不再具备上市条件：指社会公众持有的股份低于公司股份总数的25%；公司股本总额超过四亿元的，社会公众持有的股份低于公司股份总数的10%。

上述社会公众是指除了以下股东之外的上市公司其他股东：

1. 持有上市公司10%以上股份的股东及其一致行动人；

2. 上市公司的董事、监事、高级管理人员及其关系密切的家庭成员，上市公司董事、监事、高级管理人员直接或者间接控制的法人或者其他组织。

（十一）公司承诺：指上市公司及其董事会在招股说明书、配股说明书、募集说明书、定期报告、临时报告、整改报告或者承诺函等文件中就重要事项向公众或者监管部门所作的保证和相关解决措施。

（十二）股东承诺：是指上市公司股东在招股说明书、配股说明书、募集说明书、定期报告、临时报告、整改报告或者承诺函等文件中就重要事项向上市公司、公众或者监管部门所作出的保证和相关解决措施。

（十三）营业收入：指上市公司利润表列报的营业收入；上市公司编制合并财务报表的为合并利润表列报的营业总收入。

（十四）净利润：指上市公司利润表列报的净利润；上市公司编制合并财务报表的为合并利润表列报的归属于母公司所有者的净利润，不包括少数股东损益。

（十五）净资产：指上市公司资产负债表列报的所有者权益；上市公司编制合并财务报表的为合并资产负债表列报的归属于母公司所有者权益，不包括少数股东权益。

（十六）每股收益：指根据中国证监会有关规定计算的基本每股收益。

（十七）净资产收益率：指根据中国证监会有关规定计算的净资产收益率。

（十八）证券服务机构：指为证券发行、上市、交易等证券业务活动制作、出具审计报告、资产评估报告、法律意见书、财务顾问报告、资信评级报告等文件的会计师事务所、资产评估机构、律师事务所、财务顾问机构、资信评级机构、投资咨询机构。

（十九）破产程序：指《企业破产法》所规范的重整、和解或者破产清算程序。

（二十）管理人管理模式：指经法院裁定由管理人负责管理上市公司财产和营业事务的运作模式。

（二十一）管理人监督模式：指经法院裁定由公司在管理人的监督下自行管理财产和营业事务的运作模式。

（二十二）重整期间：指自法院裁定上市公司重整之日起至重整程序终止期间。

（二十三）向控股股东或者其关联人提供资金：指上市公司为控股股东、实际控制人及其附属企业垫付的工资、福利、保险、广告等费用和其他支出；代控股股东、实际控制人及其附属企业偿还债务而支付的资金；有偿或者无偿、直接或者间接拆借给控股股东、实际控制人及其附属企业的资金；为控股股东、实际控制人及其附属企业承担担保责任而形成的债权；其他在没有商品和劳务对价情况下提供给控股股东、实际控制人及其附属企业使用的资金或者证券监管机构认定的其他非经营性占用资金。

控股股东或者其关联人是指上市公司控股股东、实际控制人或者其控制的附属企业。

（二十四）违反规定程序对外提供担保：指上市公司违反中国证监会《关于规范上市公司对外担保行为的通知》（证监发〔2005〕120号）或者本规则等规定的对外担保行为。

（二十五）追溯重述：指公司因财务会计报告存在重大会计差错或者虚假记载，主动或者被中国证监会责令对此前披露的财务会计报告进行的差错更正。

（二十六）B股每日股票收盘价：指B股股票每日港币计价的收盘价按本所收市行情报表中发布的汇率（即本所计算深圳综合指数所使用的港币与人民币兑换汇率）换算成人民币计价后的收盘价。

（二十七）欺诈发行：指公司因首次公开发行股票申请、披露文件存在虚假记载、误导性陈述或者重大遗漏，致使不符合发行条件的发行人骗取了发行核准，或者对新股发行定价产生了实质性影响，受到中国证监会行政处罚，或者因涉嫌欺诈发行罪被依法移送公安机关。

（二十八）重大信息披露违法：指公司因信息披露文件存在虚假记载、误导性陈述或者重大遗漏，受到中国证监会行政处罚，并且因违法行为性质恶劣、情节严重、市场影响重大，在行政处罚决定书中被认定构成重大违法行为，或者因涉嫌违规披露、不披露重要信息罪被依法移送公安机关。

（二十九）全面纠正违法行为，指包括但不限于：公司就欺诈发行、重大信息披露违法行为所涉事项已进行补充披露或更正公告；公司就欺诈发行、重大信息披露违法行为所涉事项已补充履行相关决策程序；公司因欺诈发行、重大信息披露违法行为发生的损失已获得弥补；欺诈发行、重大信息披露违法行为可能引发的与公司相关的风险因素已消除。

（三十）撤换有关责任人员，指包括但不限于：已撤换被中国证监会依法移送公安机关立案调查的有关人员、被中国证监会行政处罚的有关人员、被人民法院判决有罪的有关人员，以及本所认定的对重大信息披露违法行为负有重要责任的其他人员。

（三十一）对民事赔偿责任作出妥善安排，指包括但不限于：人民法院作出判决的，该判决已执行完毕；已达成和解的，该和解协议已执行完毕；未达成和解的，已按预计最高索赔金额计提赔偿基金，并将足额资金划入基金专户存储；公司的控股股东及其实际控制人或第三方已承诺：将对赔偿基金不足或未予赔偿的部分代为赔付。

18.2　本规则未定义的用语的含义，依照国家有关法律、行政法规、部门规章、规范性文件及本所其他有关业务规则、细则、指引和通知确定。

18.3　本规则所称“以上”“以下”“以内”均含本数，“超过”“少于”“低于”不含本数。

18.4　本规则所称“元”如无特指，均指人民币元。

第十九章　附　　则

19.1　本规则经本所理事会会议审议通过并报中国证监会批准后生效，修改时亦同。

19.2　本规则由本所负责解释。

19.3　本规则自 2018 年 4 月 20 日起施行。

上市公司在此之前发生的按照原上市规则应当披露而未披露的重大事项，且根据本规则也应当披露的，在本规则发布施行后，应当按照本规则规定的内容及时披露。

19.4　经有关主管机关的批准，本所可以对股票交易被实行退市风险警示或股票被暂停上市的上市公司实行差异化的上市费标准。

附件一：董事声明及承诺书

附件二：监事声明及承诺书

附件三：高级管理人员声明及承诺书

附件一：

董事声明及承诺书

第一部分　声　明

一、基本情况

1．上市公司全称：________________

2．上市公司股票简称：________股票代码：________

3．本人姓名：________________

4．别名：________________

5．曾用名：________________

6．出生日期：________________

7．住址：________________

8．国籍：________________

9．拥有哪些国家或者地区的长期居留权（如适用）：____

10．专业资格（如适用）：________________

11．身份证号码：________________

12．护照号码（如适用）：________________

13．近亲属的姓名、身份证号码：________________

配偶：________________

父母：________________

子女（含年满十八岁具有民事行为能力的子女）：________

兄弟姐妹：________________

14．最近五年工作经历：________________

____

____

____

二、是否有配偶、父母、年满十八岁具有民事行为能力的子女及配偶、兄弟姐妹及配偶担任本公司董事、监事或者高级管理人员？

是□　　　　　　否□

如是，请详细说明。

三、是否在其他公司任职？

是□　　　　　　否□

如是，请填报各公司的名称、注册资本、经营范围，以及本人在该公司任职的情况。

四、是否负有数额较大的到期未清偿债务，或者未偿还经法院判决、裁定应当偿付的债务，或者被法院采取强制措施，或者受到仍然有效的法院判决、裁定所限制？

是□　　　　　　否□

如是，请详细说明。

五、是否曾担任因经营不善破产清算、关停并转或者曾有类似情况的公司、企业的董事、监事或者厂长、经理？

是□　　　　　　否□

六、是否曾担任因违法而被吊销营业执照的公司、企业的法定代表人？

是□　　　　　　否□

七、是否曾因犯有贪污、贿赂、内幕交易、操纵证券、期货交易价格、挪用财产、侵占财产罪或者其他破坏社会主义经济秩序罪而受到刑事处罚？

是□　　　　　　否□

如是，请详细说明。

八、是否曾因违反《证券法》《上市公司信息披露管理办法》和《证券市场禁入规定》等证券市场法律、行政法规或

者部门规章而受到行政处罚？

是□　　　　　否□

如是，请详细说明。

九、除第七项、第八项以外，本人是否曾违反其他法律、行政法规受到刑事处罚或者行政处罚，是否曾违反本规则或者本所其他相关规定受到本所处分？

是□　　　　　否□

如是，请详细说明。

十、是否正处于被指控犯有贪污、贿赂、内幕交易、操纵证券、期货交易价格、挪用财产、侵占财产罪或者其他破坏社会主义经济秩序罪的刑事诉讼中？

是□　　　　　否□

如是，请详细说明。

十一、是否因涉嫌违反证券市场法律、行政法规正受到中国证监会的调查或者涉及在任何中国证监会所进行的行政程序中？

是□　　　　　否□

如是，请详细说明。

十二、本人以及本人的配偶、父母、子女是否持有本公司股票及其衍生品种？

是□　　　　　否□

如是，请详细说明。

十三、在上市公司及其控股子公司业务中，过去或者现在是否拥有除前项以外的任何其他利益？

是□　　　　　否□

如是，请详细说明。

十四、是否参加过中国证监会或者深圳证券交易所组织或者认可的证券业务培训？

是□　　　　　否□

如是，请详细说明。

十五、是否已明确知悉作为上市公司的董事，如果对下列问题负有直接责任的，将被追究刑事责任：

（一）公司向股东和社会公众提供虚假的或者隐瞒重大事实的财务会计报告，严重损害股东或者其他人利益，或者有其他严重情节的；

（二）公司对依法应当披露的其他重要信息不按照规定披露，严重损害股东或者其他人利益，或者有其他严重情节的。

是□　　　　　否□

十六、是否已明确知悉作为上市公司的董事，如果违背对公司的忠实义务，利用职务便利，操纵上市公司从事下列行为之一，致使上市公司利益遭受特别重大损失的，将被追究刑事责任：

（一）无偿向其他单位或者个人提供资金、商品、服务或者其他资产的；

（二）以明显不公平的条件，提供或者接受资金、商品、服务或者其他资产的；

（三）向明显不具有清偿能力的单位或者个人提供资金、商品、服务或者其他资产的；

（四）向明显不具有清偿能力的单位或者个人提供担保，或者无正当理由为其他单位或者个人提供担保的；

（五）无正当理由放弃债权、承担债务的；

（六）采用其他方式损害上市公司利益的。

是□　　　　　否□

十七、除上述问题所披露的信息外，是否有需要声明的其他事项，而不声明该等事项可能影响本人对上述问题回答的真实性、准确性或者完整性？

是□　　　　　否□

如是，请详细说明。

本人________________（正楷体）郑重声明，上述回答是真实、准确和完整的，保证不存在任何虚假记载、误导性陈述或者遗漏。本人完全明白作出虚假声明可能导致的后果。深圳证券交易所可依据上述回答所提供的资料，评估本人是否适宜担任上市公司的董事。

声 明 人：　　（签署）

日　　期：

此项声明于　　年　月　日在　　（地点）作出。

见证律师：

日　　期：

第二部分　承　诺

本人＿＿＿＿＿＿＿＿（正楷体）向深圳证券交易所承诺：

一、本人在履行上市公司董事的职责时，将遵守并促使本公司和本人的授权人遵守国家法律、行政法规和部门规章等有关规定，履行忠实、勤勉尽责的义务。

二、本人在履行上市公司董事的职责时，将遵守并促使本公司和本人的授权人遵守中国证监会发布的部门规章、规范性文件的有关规定。

三、本人在履行上市公司董事的职责时，将遵守并促使本公司和本人的授权人遵守《深圳证券交易所股票上市规则》和深圳证券交易所发布的其他业务规则、细则、指引和通知等。

四、本人在履行上市公司董事的职责时，将遵守并促使本公司和本人的授权人遵守《公司章程》。

五、本人接受深圳证券交易所的监管，包括及时、如实地答复深圳证券交易所向本人提出的任何问题，及时提供《深圳证券交易所股票上市规则》等业务规则、细则、指引和通知规定应当报送的资料及要求提供的其他文件的正本或者副本，并出席本人被要求出席的会议。

六、本人授权深圳证券交易所将本人提供的承诺与声明的资料向中国证监会报告。

七、本人将按要求参加中国证监会和深圳证券交易所组织的专业培训。

八、本人如违反上述承诺，愿意承担由此引起的一切法律责任和接受深圳证券交易所的任何处分。

九、本人因履行上市公司董事的职责或者本承诺而与深圳证券交易所发生争议提起诉讼时，由深圳证券交易所住所地法院管辖。

承 诺 人：　　　（签署）

日　　期：

此项承诺于　　年　月　日在　　　（地点）作出。

见证律师：

日　　期：

附件二：

监事声明及承诺书

第一部分　声　明

一、基本情况

1．上市公司全称：________________

2．上市公司股票简称：________股票代码：________

3．本人姓名：________________

4．别名：________________

5．曾用名：________________

6．出生日期：________________

7．住址：________________

8．国籍：________________

9．拥有哪些国家或者地区的长期居留权（如适用）：____

10．专业资格（如适用）：________________

11．身份证号码：________________

12．护照号码（如适用）：________________

13．近亲属的姓名、身份证号码：________________

配偶：________________

父母：________________

子女（含年满十八岁具有民事行为能力的子女）：________

兄弟姐妹：________________

14．最近五年工作经历：________________

____

____

____

二、是否有配偶、父母、年满十八岁具有民事行为能力的子女及配偶、兄弟姐妹及配偶担任本公司董事、监事或者高级管理人员？

是□　　　　　　　否□

如是，请详细说明。

三、是否在其他公司任职？

是□　　　　　　　否□

如是，请填报各公司的名称、注册资本、经营范围，以及本人在该公司任职的情况。

四、是否负有数额较大的到期未清偿债务，或者未偿还经法院判决、裁定应当偿付的债务，或者被法院采取强制措施，或者受到仍然有效的法院判决、裁定所限制？

是□　　　　　　　否□

如是，请详细说明。

五、是否曾担任因经营不善破产清算、关停并转或者曾有类似情况的公司、企业的董事、监事或者厂长、经理？

是□　　　　　　　否□

六、是否曾担任因违法而被吊销营业执照的公司、企业的法定代表人？

是□　　　　　　　否□

七、是否曾因犯有贪污、贿赂、内幕交易、操纵证券、期货交易价格、挪用财产、侵占财产罪或者其他破坏社会主义经济秩序罪而受到刑事处罚？

是□　　　　　　　否□

如是，请详细说明。

八、是否曾因违反《证券法》《上市公司信息披露管理办法》和《证券市场禁入规定》等证券市场法律、行政法规或

者部门规章而受到行政处罚？

是□　　　　　　　　　否□

如是，请详细说明。

九、除第七项、第八项以外，本人是否曾违反其他法律、行政法规受到刑事处罚或者行政处罚，是否曾违反本规则或者本所其他相关规定受到本所处分？

是□　　　　　　　　　否□

如是，请详细说明。

十、是否正处于被指控犯有贪污、贿赂、内幕交易、操纵证券、期货交易价格、挪用财产、侵占财产罪或者其他破坏社会主义经济秩序罪的刑事诉讼中？

是□　　　　　　　　　否□

如是，请详细说明。

十一、是否因涉嫌违反证券市场法律、行政法规正受到中国证监会的调查或者涉及在任何中国证监会所进行的行政程序中？

是□　　　　　　　　　否□

如是，请详细说明。

十二、本人以及本人的配偶、父母、子女是否持有本公司股票及其衍生品种？

是□　　　　　　　　　否□

如是，请详细说明。

十三、在上市公司及其控股子公司业务中，过去或者现在是否拥有除前项以外的任何其他利益？

是□　　　　　　　　　否□

如是，请详细说明。

十四、是否参加过中国证监会或者深圳证券交易所组织或者认可的证券业务培训？

是□　　　　　　　　　否□

如是，请详细说明。

十五、是否已明确知悉作为上市公司的监事，如果对下列问题负有直接责任的，将被追究刑事责任：

（一）公司向股东和社会公众提供虚假的或者隐瞒重大事实的财务会计报告，严重损害股东或者其他人利益，或者有其他严重情节的；

（二）公司对依法应当披露的其他重要信息不按照规定披露，严重损害股东或者其他人利益，或者有其他严重情节的。

是□　　　　　　　　　　否□

十六、是否已明确知悉作为上市公司的监事，如果违背对公司的忠实义务，利用职务便利，操纵上市公司从事下列行为之一，致使上市公司利益遭受特别重大损失的，将被追究刑事责任：

（一）无偿向其他单位或者个人提供资金、商品、服务或者其他资产的；

（二）以明显不公平的条件，提供或者接受资金、商品、服务或者其他资产的；

（三）向明显不具有清偿能力的单位或者个人提供资金、商品、服务或者其他资产的；

（四）向明显不具有清偿能力的单位或者个人提供担保，或者无正当理由为其他单位或者个人提供担保的；

（五）无正当理由放弃债权、承担债务的；

（六）采用其他方式损害上市公司利益的。

是□　　　　　　　　　　否□

十七、除上述问题所披露的信息外，是否有需要声明的其他事项，而不声明该等事项可能影响本人对上述问题回答的真实性、准确性或者完整性？

是□　　　　　　　　　　否□

如是，请详细说明。

本人_______________（正楷体）郑重声明，上述回答是真实、准确和完整的，保证不存在任何虚假记载、误导性陈述或者遗漏。本人完全明白作出虚假声明可能导致的后果。深圳证券交易所可依据上述回答所提供的资料，评估本人是否适宜担任上市公司的监事。

声 明 人：　（签署）

日　　期：

此项声明于　　年　月　日在　　（地点）作出。

见证律师：

日　　期：

第二部分　承　诺

本人＿＿＿＿＿＿＿（正楷体）向深圳证券交易所承诺：

一、本人在履行上市公司监事的职责时，将遵守并促使本公司及其董事和高级管理人员遵守国家法律、行政法规和部门规章等有关规定，履行忠实、勤勉义务。

二、本人在履行上市公司监事的职责时，将遵守并促使本公司及其董事和高级管理人员遵守中国证监会发布的部门规章、规范性文件的有关规定。

三、本人在履行上市公司监事的职责时，将遵守并促使本公司及其董事和高级管理人员遵守《深圳证券交易所股票上市规则》和深圳证券交易所发布的其他业务规则、细则、指引和通知等。

四、本人在履行上市公司监事的职责时，将遵守并促使本公司及其董事和高级管理人员遵守《公司章程》。

五、本人在履行上市公司监事的职责时，将监督本公司董事和高级管理人员认真履行职责并严格遵守在《董事（高级管理人员）声明及承诺书》中作出的承诺。

六、本人接受深圳证券交易所的监管，包括及时、如实地答复深圳证券交易所向本人提出的任何问题，及时提供并促使本公司董事和高级管理人员及时提供《深圳证券交易所股票上市规则》等业务规则、细则、指引和通知规定应当报送的资料及要求提供的其他文件的正本或者副本，并出席本人被要求出席的会议。

七、本人授权深圳证券交易所将本人提供的承诺与声明的资料向中国证监会报告。

八、本人按要求参加中国证监会和深圳证券交易所组织的专业培训。

九、本人如违反上述承诺，愿意承担由此引起的一切法律责任和接受深圳证券交易所的任何处分。

十、本人因履行上市公司监事的职责或者本承诺而与深圳证券交易所发生争议提起诉讼时，由深圳证券交易所住所地法院管辖。

承 诺 人：　　　（签署）

日　　期：

此项承诺于　　年　月　日在　　　（地点）作出。

见证律师：

日　　期：

附件三：

高级管理人员声明及承诺书

第一部分　声　明

一、基本情况

1. 上市公司全称：____________________

2. 上市公司股票简称：________股票代码：________

3. 本人姓名：____________________

4. 别名：____________________

5. 曾用名：____________________

6. 出生日期：____________________

7. 住址：____________________

8. 国籍：____________________

9. 拥有哪些国家或者地区的长期居留权（如适用）：____

10. 专业资格（如适用）：____________________

11. 身份证号码：____________________

12. 护照号码（如适用）：____________________

13. 近亲属的姓名、身份证号码：____________________

配偶：____________________

父母：____________________

子女（含年满十八岁具有民事行为能力的子女）：________

兄弟姐妹：____________________

14. 最近五年工作经历：____________________

____

二、是否有配偶、父母、年满十八岁具有民事行为能力的子女及配偶、兄弟姐妹及配偶担任本公司董事、监事或者高级管理人员？

是□　　　　　　　　否□

如是，请详细说明。

三、是否在其他公司任职？

是□　　　　　　　　否□

如是，请填报各公司的名称、注册资本、经营范围，以及本人在该公司任职的情况。

四、是否负有数额较大的到期未清偿债务，或者未偿还经法院判决、裁定应当偿付的债务，或者被法院采取强制措施，或者受到仍然有效的法院判决、裁定所限制？

是□　　　　　　　　否□

如是，请详细说明。

五、是否曾担任因经营不善破产清算、关停并转或者曾有类似情况的公司、企业的董事、监事或者厂长、经理？

是□　　　　　　　　否□

六、是否曾担任因违法而被吊销营业执照的公司、企业的法定代表人？

是□　　　　　　　　否□

七、是否曾因犯有贪污、贿赂、内幕交易、操纵证券、期货交易价格、挪用财产、侵占财产罪或者其他破坏社会主义经济秩序罪而受到刑事处罚？

是□　　　　　　　　否□

如是，请详细说明。

八、是否曾因违反《证券法》《上市公司信息披露管理办法》和《证券市场禁入规定》等证券市场法律、行政法规或

者部门规章而受到行政处罚？

是□　　　　　　　　否□

如是，请详细说明。

九、除第七项、第八项以外，本人是否曾违反其他法律、行政法规受到刑事处罚或者行政处罚，是否曾违反本规则或者本所其他相关规定受到本所处分？

是□　　　　　　　　否□

如是，请详细说明。

十、是否正处于被指控犯有贪污、贿赂、内幕交易、操纵证券、期货交易价格、挪用财产、侵占财产罪或者其他破坏社会主义经济秩序罪的刑事诉讼中？

是□　　　　　　　　否□

如是，请详细说明。

十一、是否因涉嫌违反证券市场法律、行政法规正受到中国证监会的调查或者涉及在任何中国证监会所进行的行政程序中？

是□　　　　　　　　否□

如是，请详细说明。

十二、本人以及本人的配偶、父母、子女是否持有本公司股票及其衍生品种？

是□　　　　　　　　否□

如是，请详细说明。

十三、在上市公司及其控股子公司业务中，过去或者现在是否拥有除前项以外的任何其他利益？

是□　　　　　　　　否□

如是，请详细说明。

十四、是否参加过中国证监会或者深圳证券交易所组织或者认可的证券业务培训？

是□　　　　　　　　否□

如是，请详细说明。

十五、是否已明确知悉作为上市公司的高级管理人员，如果对下列问题负有直接责任的，将被追究刑事责任：

（一）公司向股东和社会公众提供虚假的或者隐瞒重大事实的财务会计报告，严重损害股东或者其他人利益，或者有其他严重情节的；

（二）公司对依法应当披露的其他重要信息不按照规定披露，严重损害股东或者其他人利益，或者有其他严重情节的。

是□　　　　　　　　　否□

十六、是否已明确知悉作为上市公司的高级管理人员，如果违背对公司的忠实义务，利用职务便利，操纵上市公司从事下列行为之一，致使上市公司利益遭受特别重大损失的，将被追究刑事责任：

（一）无偿向其他单位或者个人提供资金、商品、服务或者其他资产的；

（二）以明显不公平的条件，提供或者接受资金、商品、服务或者其他资产的；

（三）向明显不具有清偿能力的单位或者个人提供资金、商品、服务或者其他资产的；

（四）向明显不具有清偿能力的单位或者个人提供担保，或者无正当理由为其他单位或者个人提供担保的；

（五）无正当理由放弃债权、承担债务的；

（六）采用其他方式损害上市公司利益的。

是□　　　　　　　　　否□

十七、除上述问题所披露的信息外，是否有需要声明的其他事项，而不声明该等事项可能影响本人对上述问题回答的真实性、准确性或者完整性？

是□　　　　　　　　　否□

如是，请详细说明。

本人________________（正楷体）郑重声明，上述回答是真实、准确和完整的，保证不存在任何虚假记载、误导性陈述或者遗漏。本人完全明白作出虚假声明可能导致的后果。深圳证券交易所可以依据上述回答所提供的资料，评估本人是否适宜担任上市公司的高级管理人员。

声 明 人：　　（签署）

日　　期：

此项声明于　　年　月　日在　　（地点）作出。

见证律师：

日　　期：

第二部分　承　诺

本人＿＿＿＿＿＿（正楷体）向深圳证券交易所承诺：

一、本人在履行上市公司高级管理人员的职责时，将遵守并促使本公司遵守国家法律、行政法规和部门规章等有关规定，履行忠实、勤勉尽责的义务。

二、本人在履行上市公司高级管理人员的职责时，将遵守并促使本公司遵守中国证监会发布的部门规章、规范性文件等有关规定。

三、本人在履行上市公司高级管理人员的职责时，将遵守并促使本公司遵守《深圳证券交易所股票上市规则》和深圳证券交易所发布的其他业务规则、细则、指引和通知等。

四、本人在履行上市公司高级管理人员的职责时，将遵守并促使本公司遵守《公司章程》。

五、本人在履行上市公司高级管理人员的职责时，将及时向董事会和董事会秘书报告公司经营和财务等方面出现的可能对公司股票及其衍生品种交易价格产生较大影响的事项和《深圳证券交易所股票上市规则》等业务规则、细则、指引和通知规定的其他重大事项。

六、本人接受深圳证券交易所的监管，包括及时、如实地答复深圳证券交易所向本人提出的任何问题，及时提供《深圳证券交易所股票上市规则》等业务规则、细则、指引和通知规定应当报送的资料及要求提供的其他文件的正本或者副本，并出席本人被要求出席的会议。

七、本人授权深圳证券交易所将本人提供的承诺与声明的资料向中国证监会报告。

八、本人将按要求参加中国证监会和深圳证券交易所组织的业务培训。

九、本人如违反上述承诺，愿意承担由此引起的一切法律责任和接受深圳证券交易所的任何处分。

十、本人因履行上市公司高级管理人员职责或者本承诺而与深圳证券交易所发生争议提起诉讼时，由深圳证券交易所住所地法院管辖。

承 诺 人：　　　（签署）

日　　期：

此项承诺于　　年　月　日在　　　（地点）作出。

见证律师：

日　　期：

深圳证券交易所创业板股票上市规则（2018年修订）

（深证上〔2018〕166号）

（2009年7月实施　2012年4月第一次修订；2014年10月第二次修订；2018年4月第三次修订）

第一章　总　　则

1.1　为规范公司股票、可转换为股票的公司债券（以下简称“可转换公司债券”）及其他衍生品种（以下统称“股票及其衍生品种”）的上市行为，以及发行人、上市公司及相关信息披露义务人的信息披露行为，维护证券市场秩序，保护投资者的合法权益，根据《中华人民共和国公司法》（以下简称“《公司法》”）、《中华人民共和国证券法》（以下简称“《证券法》”）等法律、行政法规、部门规章、规范性文件及《深圳证券交易所章程》，制定本规则。

1.2　在深圳证券交易所（以下简称“本所”）创业板上市的股票及其衍生品种，适用本规则；中国证券监督管理委员会（以下简称“中国证监会”）和本所对权证等衍生品种、境外公司的股票及其衍生品种的上市、信息披露、停牌等事宜另有规定的，从其规定。

1.3 发行人申请股票及其衍生品种在本所创业板上市，应当经本所审核同意，并在上市前与本所签订上市协议，明确双方的权利、义务和有关事项。

1.4 创业板上市公司（以下简称“上市公司”）及其董事、监事、高级管理人员、股东、实际控制人、收购人等自然人、机构及其相关人员，以及保荐机构及其保荐代表人、证券服务机构及其相关人员应当遵守法律、行政法规、部门规章、规范性文件、本规则和本所发布的细则、指引、通知、办法、备忘录等相关规定（以下简称“本所其他相关规定”），诚实守信，勤勉尽责。

1.5 本所依据法律、行政法规、部门规章、规范性文件、本规则、本所其他相关规定和中国证监会的授权，对上市公司及其董事、监事、高级管理人员、股东、实际控制人、收购人等自然人、机构及其相关人员，以及保荐机构及其保荐代表人、证券服务机构及其相关人员等进行监管。

第二章 信息披露的基本原则及一般规定

2.1 上市公司及相关信息披露义务人应当根据法律、行政法规、部门规章、规范性文件、本规则以及本所其他相关规定，及时、公平地披露所有对公司股票及其衍生品种交易价格可能产生较大影响的信息（以下简称“重大信息”），并保证所披露的信息真实、准确、完整，不得有虚假记载、误导性陈述或者重大遗漏。

2.2 上市公司董事、监事和高级管理人员应当保证公司所披露的信息真实、准确、完整、及时、公平，不能保证披露的信息内容真实、准确、完整、及时、公平的，应当在公告中作出相应声明并说明理由。

2.3　本规则所称真实，是指上市公司及相关信息披露义务人披露的信息应当以客观事实或者具有事实基础的判断和意见为依据，如实反映客观情况，不得有虚假记载和不实陈述。

2.4　本规则所称准确，是指上市公司及相关信息披露义务人披露的信息应当使用明确、贴切的语言和简明扼要、通俗易懂的文字，内容应易于理解，不得含有任何宣传、广告、恭维或者夸大等性质的词句，不得有误导性陈述。

公司披露预测性信息及其他涉及公司未来经营和财务状况等信息时，应当合理、谨慎、客观。

2.5　本规则所称完整，是指上市公司及相关信息披露义务人披露的信息应当内容完整、文件齐备，格式符合规定要求，不得有重大遗漏。

2.6　本规则所称及时，是指上市公司及相关信息披露义务人应当在本规则规定的期限内披露重大信息。

2.7　本规则所称公平，是指上市公司及相关信息披露义务人应当同时向所有投资者公开披露重大信息，确保所有投资者可以平等地获取同一信息，不得私下提前向特定对象单独披露、透露或者泄露。

公司通过年度报告说明会、分析师会议、路演等方式与投资者就公司的经营情况、财务状况及其他事项进行沟通时，不得透露或者泄漏未公开重大信息，并应当进行网上直播，使所有投资者均有机会参与。

机构投资者、分析师、新闻媒体等特定对象到公司现场参观、座谈沟通时，公司应当合理、妥善地安排参观过程，避免参观者有机会获取未公开重大信息。

公司因特殊情况需要向公司股东、实际控制人或者银行、税务、统计部门、中介机构、商务谈判对手方等报送文件和提供未公开重大信息时，应当及时向本所报告，依据本所相关规定履行信息披露义务。公司还应当要求中介机构、商务谈判对手方等签署保密协议，保证不对外泄漏有关信息，并承诺在有关信息公告前不买卖且不建议他人买卖该公司股票及其衍生品种。

2.8　上市公司应当按照有关规定制定并严格执行信息披露事务管理制度。

公司应当将经董事会审议通过的信息披露事务管理制度及时报送本所备案并在本所指定网站上披露。

2.9　上市公司及其董事、监事、高级管理人员、相关信息披露义务人和其他知情人在信息披露前，应当将该信息的知情者控制在最小范围内，不得泄漏未公开重大信息，不得进行内幕交易或者配合他人操纵股票及其衍生品种交易价格。

一旦出现未公开重大信息泄漏、市场传闻或者股票交易异常波动，公司及相关信息披露义务人应当及时采取措施、报告本所并立即公告。

2.10　上市公司控股股东、实际控制人等相关信息披露义务人，应当依法行使股东权利，不得滥用股东权利损害公司或者其他股东的利益。

公司股东、实际控制人、收购人等相关信息披露义务人，应当按照有关规定履行信息披露义务，主动配合公司做好信息披露工作，及时告知公司已发生或者拟发生的重大事件，并严格履行其所作出的承诺。

公司股东、实际控制人应当特别注意筹划阶段重大事项的保密工作。公共媒体上出现与公司股东、实际控制人有关的、对公司股票及其衍生品种交易价格可能产生较大影响的报道或者传闻，股东、实际控制人应当及时就有关报道或者传闻所涉及的事项准确告知公司，并积极主动配合公司的调查和相关信息披露工作。

2.11　上市公司披露的信息包括定期报告和临时报告。

公司及相关信息披露义务人应当将公告文稿和相关备查文件在第一时间报送本所，报送的公告文稿和相关备查文件应当符合本所的要求。

公司及相关信息披露义务人报送的公告文稿和相关备查文件应当采用中文文本。同时采用外文文本的，信息披露义务人应当保证两种文本的内容一致。两种文本发生歧义时，以中文文本为准。

2.12　本所根据有关法律、行政法规、部门规章、规范性文件、本规则以及本所其他相关规定，对上市公司及相关信息披露义务人披露的信息进行形式审核，对其内容的真实性不承担责任。

本所对定期报告实行事前登记、事后审核；对临时报告依不同情况实行事前审核或者事前登记、事后审核。

定期报告或者临时报告出现任何错误、遗漏或者误导，本所可以要求公司作出说明并公告，公司应当按照本所要求办理。

2.13　上市公司定期报告和临时报告经本所登记后应当在中国证监会指定网站（以下简称“指定网站”）和公司网站上披露。定期报告提示性公告还应当在中国证监会指定报刊上披露。

公司未能按照既定时间披露，或者在中国证监会指定媒体上披露的文件内容与报送本所登记的文件内容不一致的，应当立即向本所报告。

2.14　上市公司及相关信息披露义务人在其他公共媒体发布重大信息的时间不得先于指定媒体，在指定媒体公告之前不得以新闻发布或者答记者问等任何其他方式透露、泄漏未公开重大信息。

公司董事、监事和高级管理人员应当遵守并促使公司遵守前述规定。

2.15　上市公司及相关信息披露义务人应当关注公共媒体关于公司的报道，以及公司股票及其衍生品种的交易情况，及时向有关方面了解真实情况。

公司应当在规定期限内如实回复本所就相关事项提出的问询，并按照本规则的规定和本所要求及时、真实、准确、完整地就相关情况作出公告，不得以有关事项存在不确定性或者需要保密等为由不履行报告、公告和回复本所问询的义务。

2.16　上市公司及相关信息披露义务人未在规定期限内回复本所问询，或者未按照本规则的规定和本所的要求进行公告，或者本所认为必要的，本所可以采取交易所公告等形式，向市场说明有关情况。

2.17　上市公司应当将定期报告、临时报告和相关备查文件等信息披露文件在公告的同时备置于公司住所地，供公众查阅。

2.18　上市公司应当配备信息披露所必要的通讯设备，加强与投资者特别是社会公众投资者的沟通和交流，设立专门的投资者咨询电话并对外公告，如有变更应当及时进行公告并在公司网站上公布。

公司应当保证咨询电话线路畅通，并保证在工作时间有专人负责接听。如遇重大事件或者其他必要时候，公司应当开通多部电话回答投资者咨询。

公司应当在公司网站开设投资者关系专栏，定期举行与投资者见面活动，及时答复公众投资者关心的问题，增进投资者对公司的了解。

2.19　上市公司拟披露的信息存在不确定性、属于临时性商业秘密或者本所认可的其他情形，及时披露可能损害公司利益或者误导投资者，且符合以下条件的，公司可以向本所提出暂缓披露申请，说明暂缓披露的理由和期限：

（一）拟披露的信息未泄漏；

（二）有关内幕信息知情人已书面承诺保密；

（三）公司股票及其衍生品种交易未发生异常波动。

经本所同意，公司可以暂缓披露相关信息。暂缓披露的期限一般不超过两个月。

暂缓披露申请未获本所同意、暂缓披露的原因已经消除或者暂缓披露的期限届满的，公司应当及时披露。

2.20　上市公司拟披露的信息属于国家秘密、商业秘密或者本所认可的其他情况，按本规则披露或者履行相关义务可能导致其违反国家有关保密法律、行政法规规定或者损害公司利益的，公司可以向本所申请豁免按本规则披露或者履行相关义务。

2.21　上市公司发生的或者与之有关的事件没有达到本规则规定的披露标准，或者本规则没有具体规定，但本所或者公司董事会认为该事件对公司股票及其衍生品种交易价格可能产生较大影响的，公司应当比照本规则及时披露。

2.22　上市公司及相关信息披露义务人对本规则的具体规定有疑问的，应当向本所咨询。

2.23　保荐机构及其保荐代表人、证券服务机构及其相关人员为发行人、上市公司及相关信息披露义务人的证券业务活动制作、出具上市保荐书、持续督导意见、审计报告、资产评估报告、财务顾问报告、资信评级报告或者法律意见书等文件，应当勤勉尽责，对所制作、出具的文件内容的真实性、准确性、完整性进行核查和验证，其制作、出具的文件不得有虚假记载、误导性陈述或者重大遗漏。

第三章　董事、监事、高级管理人员、控股股东和实际控制人

第一节　声明与承诺

3.1.1　上市公司的董事、监事和高级管理人员应当在公

司股票首次上市前，新任董事、监事应当在股东大会或者职工代表大会通过其任命后一个月内，新任高级管理人员应当在董事会通过其任命后一个月内，签署一式三份“董事（监事、高级管理人员）声明及承诺书”，并报本所和公司董事会备案。

公司的控股股东、实际控制人应当在公司股票首次上市前签署一式三份“控股股东、实际控制人声明及承诺书”，并报本所和公司董事会备案。控股股东、实际控制人发生变化的，新的控股股东、实际控制人应当在其完成变更的一个月内完成“控股股东、实际控制人声明及承诺书”的签署和备案工作。

前述机构和个人签署“董事（监事、高级管理人员、控股股东、实际控制人）声明及承诺书”时，应当由律师见证，并由律师解释该文件的内容，前述机构和个人在充分理解后签字盖章。

董事会秘书应当督促董事、监事、高级管理人员、控股股东和实际控制人及时签署“董事（监事、高级管理人员、控股股东、实际控制人）声明及承诺书”，并按本所规定的途径和方式提交书面文件和电子文件。

3.1.2　上市公司董事、监事和高级管理人员应当在“董事（监事、高级管理人员）声明及承诺书”中声明：

（一）直接和间接持有本公司股票的情况；

（二）有无因违反法律、行政法规、部门规章、规范性文件、本规则或者本所其他相关规定受查处的情况；

（三）参加证券业务培训的情况；

（四）其他任职情况和最近五年的工作经历；

（五）拥有其他国家或者地区的国籍、长期居留权的情况；

（六）本所认为应当说明的其他情况。

3.1.3　上市公司董事、监事和高级管理人员应当保证

“董事（监事、高级管理人员）声明及承诺书”中声明事项的真实、准确、完整，不存在虚假记载、误导性陈述或者重大遗漏。

3.1.4 上市公司董事、监事和高级管理人员在任职（含续任）期间声明事项发生变化的，应当自该等事项发生变化之日起五个交易日内向本所和公司董事会提交有关该等事项的最新资料。

3.1.5 上市公司董事、监事和高级管理人员应当履行以下职责并在“董事（监事、高级管理人员）声明及承诺书”中作出承诺：

（一）遵守并促使上市公司遵守国家法律、行政法规、部门规章、规范性文件，履行忠实义务和勤勉义务；

（二）遵守并促使上市公司遵守本规则和本所其他相关规定，接受本所监管；

（三）遵守并促使上市公司遵守《公司章程》；

（四）本所认为应当履行的其他职责和应当作出的其他承诺。

监事还应当承诺监督董事和高级管理人员遵守其承诺。

高级管理人员还应当承诺及时向董事会报告有关公司经营或者财务方面出现的可能对公司股票及其衍生品种交易价格产生较大影响的事项。

3.1.6 上市公司控股股东、实际控制人应当在“控股股东、实际控制人声明及承诺书”中声明：

（一）直接和间接持有上市公司股票的情况；

（二）有无因违反法律、行政法规、部门规章、规范性文件、本规则或者本所其他相关规定受查处的情况；

（三）关联人基本情况；

（四）本所认为应当说明的其他情况。

3.1.7 上市公司控股股东、实际控制人应当履行以下义务并在“控股股东、实际控制人声明及承诺书”中作出承诺：

（一）遵守并促使上市公司遵守国家法律、行政法规、部门规章、规范性文件；

（二）遵守并促使上市公司遵守本规则和本所其他相关规定，接受本所监管；

（三）遵守并促使上市公司遵守公司章程；

（四）依法行使股东权利，不滥用控制权损害公司或者其他股东的利益，包括但不限于：

1. 不以任何方式违法违规占用上市公司资金及要求上市公司违法违规提供担保；

2. 不通过非公允性关联交易、利润分配、资产重组、对外投资等任何方式损害上市公司和其他股东的合法权益；

3. 不利用上市公司未公开重大信息谋取利益，不以任何方式泄漏有关上市公司的未公开重大信息，不从事内幕交易、短线交易、操纵市场等违法违规行为；

4. 保证上市公司资产完整、人员独立、财务独立、机构独立和业务独立，不以任何方式影响上市公司的独立性；

（五）严格履行作出的公开声明和各项承诺，不擅自变更或者解除；

（六）严格按照有关规定履行信息披露义务，并保证披露的信息真实、准确、完整，无虚假记载、误导性陈述或者重大遗漏。积极主动配合上市公司做好信息披露工作，及时告知上市公司已发生或者拟发生的重大事件，并如实回答本所的相关问询；

（七）本所认为应当履行的其他义务和应当作出的其他承诺。

3.1.8　上市公司控股股东、实际控制人应当保证“控股股东、实际控制人声明及承诺书”中声明事项的真实、准确、完整，不存在虚假记载、误导性陈述或者重大遗漏。

控股股东、实际控制人声明事项发生变化的，应当自该等事项发生变化之日起五个交易日内向本所和公司董事会提交有关该等事项的最新资料。

3.1.9 上市公司董事应当履行的忠实义务和勤勉义务包括：

（一）原则上应当亲自出席董事会，以正常合理的谨慎态度勤勉行事并对所议事项表达明确意见，因故不能亲自出席董事会的，应当审慎地选择受托人；

（二）认真阅读公司的各项商务、财务报告和公共媒体有关公司的报道，及时了解并持续关注公司业务经营管理状况和公司已发生或者可能发生的重大事件及其影响，及时向董事会报告公司经营活动中存在的问题，不得以不直接从事经营管理或者不知悉为由推卸责任；

（三）在履行职责时诚实守信，在职权范围内以公司整体利益和全体股东利益为出发点行使权利，避免事实上及潜在的利益和职务冲突；

（四）《公司法》《证券法》规定的及社会公认的其他忠实和勤勉义务。

3.1.10 上市公司董事、监事和高级管理人员应当在公司股票上市前、任命生效时、新增持有公司股份及离职申请生效时，按照本所的有关规定申报并申请锁定其所持的本公司股份。

公司董事、监事、高级管理人员和证券事务代表所持本公司股份发生变动的（因公司派发股票股利和资本公积转增股本导致的变动除外），应当及时向公司报告并由公司在本所指定网站公告。

3.1.11 上市公司董事、监事和高级管理人员买卖本公司股份应当遵守《公司法》、《证券法》、中国证监会和本所相关规定及公司章程。

3.1.12　上市公司董事、监事、高级管理人员、持有公司股份 5% 以上的股东，将其持有的公司股票在买入后六个月内卖出，或者在卖出后六个月内又买入，由此所得收益归公司所有，公司董事会应当收回其所得收益，并及时披露相关情况。

3.1.13　上市公司在发布召开关于选举独立董事的股东大会通知时，应当将所有独立董事候选人的有关材料（包括但不限于提名人声明、候选人声明、独立董事履历表）报送本所备案。独立董事选举应当实行累积投票制。

公司董事会对独立董事候选人的有关情况有异议的，应当同时报送董事会的书面意见。

3.1.14　本所在收到前条所述材料的五个交易日内，对独立董事候选人的任职资格和独立性进行审核。对于本所提出异议的独立董事候选人，上市公司不得将其提交股东大会选举为独立董事。

在召开股东大会选举独立董事时，公司董事会应当对独立董事候选人是否被本所提出异议等情况进行说明。

3.1.15　上市公司应当保证独立董事享有与其他董事同等的知情权，提供独立董事履行职责所必需的工作条件。在独立董事行使职权时，有关人员应当积极配合，不得拒绝、阻碍或者隐瞒，不得干预独立董事独立行使职权。

3.1.16　本所建立独立董事诚信档案管理系统，对独立董事履行职责情况进行记录，并通过本所网站或者其他方式向社会公开独立董事诚信档案的相关信息。

3.1.17　上市公司应当在董事会下设立审计委员会，内部审计部门对审计委员会负责，向审计委员会报告工作。审计委员会中独立董事应当占半数以上并担任召集人，且至少有一名独立董事是会计专业人士。

第二节　董事会秘书

3.2.1　上市公司应当设立董事会秘书，作为公司与本所之间的指定联络人。

公司应当设立信息披露事务部门，由董事会秘书负责管理。

3.2.2　董事会秘书对上市公司和董事会负责，履行如下职责：

（一）负责公司信息披露事务，协调公司信息披露工作，组织制订公司信息披露事务管理制度，督促公司及相关信息披露义务人遵守信息披露相关规定；

（二）负责公司投资者关系管理和股东资料管理工作，协调公司与证券监管机构、股东及实际控制人、证券服务机构、媒体等之间的信息沟通；

（三）组织筹备董事会会议和股东大会，参加股东大会、董事会会议、监事会会议及高级管理人员相关会议，负责董事会会议记录工作并签字确认；

（四）负责公司信息披露的保密工作，在未公开重大信息出现泄露时，及时向本所报告并公告；

（五）关注公共媒体报道并主动求证真实情况，督促董事会及时回复本所所有问询；

（六）组织董事、监事和高级管理人员进行证券法律法规、本规则及本所其他相关规定的培训，协助前述人员了解各自在信息披露中的权利和义务；

（七）督促董事、监事和高级管理人员遵守证券法律法规、本规则、本所其他相关规定及公司章程，切实履行其所作出的承诺；在知悉公司作出或者可能作出违反有关规定的决议时，应当予以提醒并立即如实地向本所报告；

（八）《公司法》、《证券法》、中国证监会和本所要求履行的其他职责。

3.2.3　上市公司应当建立相应的工作制度，为董事会秘书履行职责提供便利条件，董事、监事、财务负责人及其他高级管理人员和公司相关人员应当支持、配合董事会秘书在信息披露方面的工作。

董事会秘书为履行职责有权了解公司的财务和经营情况，参加涉及信息披露的有关会议，查阅涉及信息披露的所有文件，并要求公司有关部门和人员及时提供相关资料和信息。

董事会秘书在履行职责过程中受到不当妨碍或者严重阻挠时，可以直接向本所报告。

3.2.4　董事会秘书应当具备履行职责所必需的财务、管理、法律专业知识，具有良好的职业道德和个人品德，并取得本所颁发的董事会秘书资格证书。有下列情形之一的人士不得担任上市公司董事会秘书：

（一）有《公司法》第一百四十六条规定情形之一的；

（二）被中国证监会采取证券市场禁入措施，期限尚未届满；

（三）最近三年受到证券交易所公开谴责或者三次以上通报批评的；

（四）本公司现任监事；

（五）本所认定不适合担任董事会秘书的其他情形。

拟聘任董事会秘书存在下列情形之一的，上市公司应当及时披露拟聘任该人士的原因以及是否存在影响上市公司规范运作的情形，并提示相关风险：

（一）最近三年内受到中国证监会行政处罚；

（二）因涉嫌犯罪被司法机关立案侦查或者涉嫌违法违规被中国证监会立案调查，尚未有明确结论意见。

3.2.5　上市公司应当在首次公开发行股票上市后三个月内或者原任董事会秘书离职后三个月内聘任董事会秘书。

3.2.6　上市公司应当在有关拟聘任董事会秘书的会议召开五个交易日之前将该董事会秘书的有关资料报送本所，本所自收到有关资料之日起五个交易日内未提出异议的，董事会可以按照法定程序予以聘任。

3.2.7　上市公司聘任董事会秘书之前应当向本所报送下列资料：

（一）董事会推荐书，包括被推荐人符合本规则任职资格的说明、职务、工作表现及个人品德等内容；

（二）被推荐人的个人简历、学历证明（复印件）；

（三）被推荐人取得的董事会秘书资格证书（复印件）。

3.2.8　上市公司在聘任董事会秘书的同时，还应当聘任证券事务代表，协助董事会秘书履行职责。在董事会秘书不能履行职责时，由证券事务代表行使其权利并履行其职责，在此期间，并不当然免除董事会秘书对公司信息披露事务所负有的责任。

证券事务代表应当参加本所组织的董事会秘书资格培训并取得董事会秘书资格证书。

3.2.9　上市公司应当在董事会正式聘任董事会秘书、证券事务代表后及时公告，并向本所提交下列资料：

（一）董事会秘书、证券事务代表聘任书或者相关董事会决议；

（二）董事会秘书、证券事务代表的通讯方式，包括办公电话、住宅电话、移动电话、传真、通信地址及专用电子邮件信箱地址等；

（三）公司董事长的通讯方式，包括办公电话、移动电话、传真、通信地址及专用电子邮件信箱地址等。

上述有关通讯方式的资料发生变更时，公司应当及时向本所提交变更后的资料。

3.2.10　上市公司解聘董事会秘书应当具有充分理由，不得无故将其解聘。

董事会秘书被解聘或者辞职时，公司应当及时向本所报告，说明原因并公告。

董事会秘书有权就被公司不当解聘或者与辞职有关的情况，向本所提交个人陈述报告。

3.2.11　董事会秘书有下列情形之一的，上市公司应当自该事实发生之日起一个月内解聘董事会秘书：

（一）出现本规则3.2.4条所规定情形之一的；

（二）连续三个月以上不能履行职责的；

（三）在履行职责时出现重大错误或者疏漏，给公司或者股东造成重大损失的；

（四）违反国家法律、行政法规、部门规章、规范性文件、本规则、本所其他相关规定或者公司章程，给公司或者股东造成重大损失的。

3.2.12　上市公司应当在聘任董事会秘书时与其签订保密协议，要求其承诺在任职期间以及在离任后持续履行保密义务直至有关信息披露为止，但涉及公司违法违规的信息除外。

董事会秘书离任前，应当接受董事会、监事会的离任审查，在公司监事会的监督下移交有关档案文件、正在办理或者待办理事项。

3.2.13　上市公司董事会秘书空缺期间，董事会应当指定一名董事或者高级管理人员代行董事会秘书的职责，并报本所备案，同时尽快确定董事会秘书人选。公司指定代行董事会秘书职责的人员之前，由董事长代行董事会秘书职责。

董事会秘书空缺期间超过三个月之后，董事长应当代行董事会秘书职责，直至公司正式聘任董事会秘书。

3.2.14　上市公司应当保证董事会秘书在任职期间按要求参加本所组织的董事会秘书后续培训。

3.2.15　上市公司在履行信息披露义务时，应当指派董事会秘书、证券事务代表或者本规则 3.2.13 条规定代行董事会秘书职责的人员负责与本所联系，办理信息披露与股权管理事务。

第四章　保荐机构

4.1　本所实行股票、可转换公司债券上市保荐制度。发行人向本所申请其首次公开发行的股票和上市后发行的新股、可转换公司债券在本所上市，以及股票被暂停上市后公司申请其股票恢复上市的，应当由保荐机构保荐，但是根据相关规定无须保荐的除外。

保荐机构应当为经中国证监会注册登记并列入保荐机构名单，同时具有本所会员资格的证券经营机构。

4.2　保荐机构应当与发行人签订保荐协议，明确双方在公司申请上市期间、申请恢复上市期间和持续督导期间的权利和义务。保荐协议应当约定保荐机构审阅发行人信息披露文件的时点。

首次公开发行股票的，持续督导期间为股票上市当年剩余时间及其后三个完整会计年度；上市后发行新股、可转换公司债券的，持续督导期间为股票、可转换公司债券上市当年剩余时间及其后两个完整会计年度；申请恢复上市的，持续督导期间为股票恢复上市当年剩余时间及其后一个完整会计年度。持续督导期间自股票、可转换公司债券上市或者恢复上市之日起计算。

对于在信息披露、规范运作、公司治理、内部控制等方面存在重大缺陷或者违规行为，或者实际控制人、董事会、管理层发生重大变化等监管风险较大的公司，在法定持续督导期结束后，本所可以视情况要求保荐机构延长持续督导期，直至相关问题解决或者风险消除。

4.3 保荐机构应当在签订保荐协议时指定两名保荐代表人具体负责保荐工作，作为保荐机构与本所之间的指定联络人。

保荐代表人应当为经中国证监会注册登记并列入保荐代表人名单的自然人。

4.4 保荐机构保荐股票、可转换公司债券上市（恢复上市除外）时，应当向本所提交上市保荐书、保荐协议、保荐机构和相关保荐代表人已经中国证监会注册登记并列入保荐机构和保荐代表人名单的证明文件和授权委托书，以及与上市保荐工作有关的其他文件。

保荐机构推荐股票恢复上市时应当提交的文件及其内容应当符合本规则第十三章第二节的有关规定。

4.5 上市保荐书应当包括下列内容：

（一）发行股票、可转换公司债券的公司概况；

（二）申请上市的股票、可转换公司债券的发行情况；

（三）保荐机构是否存在可能影响公正履行保荐职责情形的说明；

（四）保荐机构按照有关规定应当承诺的事项；

（五）公司持续督导期间的工作安排；

（六）保荐机构和相关保荐代表人的联系地址、电话和其他通讯方式；

（七）保荐机构认为应当说明的其他事项；

（八）本所要求的其他内容。

上市保荐书应当由保荐机构的法定代表人（或者授权代表）和相关保荐代表人签字，注明日期并加盖保荐机构公章。

4.6 保荐机构应当督导发行人建立健全并有效执行公司治理制度、财务内控制度和信息披露制度，以及督导发行人按照本规则的规定履行信息披露及其他相关义务，审阅信息披露文件及其他相关文件，并保证向本所提交的与保荐工作相关的文件真实、准确、完整，没有虚假记载、误导性陈述或者重大遗漏。

保荐机构和保荐代表人应当督导发行人的董事、监事、高级管理人员、控股股东和实际控制人遵守本规则及本所其他相关规定，并履行其所作出的承诺。

4.7　保荐机构应当在上市公司向本所报送信息披露文件及其他文件，或者履行信息披露义务后，完成对有关文件的审阅工作。发现信息披露文件存在问题的，应当及时督促公司更正或者补充，并同时向本所报告。

4.8　上市公司临时报告披露的信息涉及募集资金、关联交易、委托理财、为他人提供担保等重大事项的，保荐机构应当发表独立意见，并与公司相关公告同时披露。

4.9　持续督导期内，保荐机构应当自上市公司披露年度报告、半年度报告后十五个交易日内在指定网站披露跟踪报告，对《证券发行上市保荐业务管理办法》第三十五条所涉及事项进行分析并发表独立意见。

保荐机构应当对上市公司进行必要的现场检查，以保证前款所发表的独立意见不存在虚假记载、误导性陈述或者重大遗漏。

4.10　保荐机构履行保荐职责发表的意见应当及时告知发行人，记录于保荐工作档案。

发行人应当配合保荐机构和保荐代表人的工作。

4.11　保荐机构在履行保荐职责期间有充分理由确信发行人可能存在违反本规则规定的行为的，应当督促发行人作出说明和限期纠正，并向本所报告。

保荐机构按照有关规定对发行人违法违规事项公开发表声明的，应当于披露前向本所书面报告，经本所审核后在指定网站上公告。本所对上述公告进行形式审核，对其内容的真实性不承担责任。

4.12 保荐机构有充分理由确信中介机构及其签名人员按本规则规定出具的专业意见可能存在虚假记载、误导性陈述或者重大遗漏等违法违规情形或者其他不当情形的，应当及时发表意见并向本所报告。

4.13 保荐机构和发行人终止保荐协议的，应当自终止之日起五个交易日内向本所报告，说明原因并由发行人发布公告。

发行人另行聘请保荐机构的，应当及时向本所报告并公告。新聘请的保荐机构应当及时向本所提交本规则 4.4 条规定的有关文件。

4.14 保荐机构更换保荐代表人的，应当通知上市公司，并在五个交易日内向本所报告，说明原因并提供更换后的保荐代表人的相关资料。上市公司应当在收到通知后及时披露保荐代表人变更事宜。

4.15 保荐机构应当自持续督导工作结束后十个交易日内向本所报送保荐总结报告书。

4.16 保荐机构、相关保荐代表人和保荐工作其他参与人员不得利用从事保荐工作期间获得的发行人尚未披露的信息进行内幕交易，为自己或者他人谋取利益。

第五章 股票和可转换公司债券上市

第一节 首次公开发行的股票上市

5.1.1 发行人申请股票在本所上市，应当符合下列条件：

（一）股票已公开发行；

（二）公司股本总额不少于三千万元；

（三）公开发行的股份达到公司股份总数的 25% 以上；公司股本总额超过四亿元的，公开发行股份的比例为 10% 以上；

（四）公司股东人数不少于二百人；

（五）公司最近三年无重大违法行为，财务会计报告无虚假记载；

（六）本所要求的其他条件。

5.1.2　发行人向本所申请其首次公开发行的股票上市时，应当按照有关规定编制上市公告书。

5.1.3　发行人向本所申请其首次公开发行的股票上市，应当提交下列文件：

（一）上市报告书（申请书）；

（二）申请股票上市的董事会和股东大会决议；

（三）公司营业执照复印件；

（四）公司章程；

（五）依法经具有从事证券、期货相关业务资格的会计师事务所审计的发行人最近三年的财务会计报告；

（六）保荐协议和保荐机构出具的上市保荐书；

（七）律师事务所出具的法律意见书；

（八）具有从事证券、期货相关业务资格的会计师事务所出具的验资报告；

（九）发行人全部股票已经中国证券登记结算有限责任公司深圳分公司（以下简称“结算公司”）登记的证明文件；

（十）董事、监事和高级管理人员持有本公司股份情况报告和“董事（监事、高级管理人员、控股股东、实际控制人）声明及承诺书”；

（十一）发行人拟聘任或者已聘任的董事会秘书的有关资料；

（十二）本规则5.1.6条所述承诺函；

（十三）公开发行前已发行股份持有人所持股份已在结算公司锁定的证明文件；

（十四）发行后至上市前按规定新增的财务资料和有关重

大事件的说明文件（如适用）；

（十五）最近一次的招股说明书；

（十六）上市公告书；

（十七）本所要求的其他文件。

5.1.4 发行人及其董事、监事和高级管理人员应当保证向本所提交的上市申请文件内容真实、准确、完整，不存在虚假记载、误导性陈述或者重大遗漏。

5.1.5 发行人公开发行股票前已发行的股份，自发行人股票上市之日起一年内不得转让。

5.1.6 发行人向本所提出其首次公开发行的股票上市申请时，控股股东和实际控制人应当承诺：自发行人股票上市之日起三十六个月内，不转让或者委托他人管理其直接或者间接持有的发行人公开发行股票前已发行的股份，也不由发行人回购其直接或者间接持有的发行人公开发行股票前已发行的股份。

发行人应当在上市公告书中公告上述承诺。

自发行人股票上市之日起一年后，出现下列情形之一的，经控股股东和实际控制人申请并经本所同意，可以豁免遵守上述承诺：

（一）转让双方存在实际控制关系，或者均受同一控制人控制的；

（二）本所认定的其他情形。

5.1.7 本所在收到全套上市申请文件后七个交易日内，作出是否同意上市的决定。出现特殊情况的，本所可以暂缓作出决定。

5.1.8 本所设立上市委员会对上市申请进行审议，作出独立的专业判断并形成审核意见，本所根据上市委员会意见作出是否同意上市的决定。

本规则 5.1.1 条所列第（一）项至第（五）项条件为在

本所上市的必要条件，本所并不保证发行人符合上述条件时，其上市申请一定能够获得本所同意。

5.1.9　首次公开发行的股票上市申请获得本所同意后，发行人应当于其股票上市前五个交易日内，在指定网站上披露下列文件：

（一）上市公告书；

（二）公司章程；

（三）申请股票上市的股东大会决议；

（四）法律意见书；

（五）上市保荐书。

上述文件应当备置于公司住所，供公众查阅。

发行人在提出上市申请期间，未经本所同意，不得擅自披露与上市有关的信息。

5.1.10　刊登招股说明书后，发行人应当持续关注公共媒体（包括报纸、网站、股票论坛等）对公司的相关报道或者传闻，及时向有关方面了解真实情况，发现存在虚假记载、误导性陈述或者应披露而未披露重大事项等可能对公司股票及其衍生品种交易价格产生较大影响的，应当在上市首日刊登风险提示公告，对相关问题进行澄清并提示公司存在的主要风险。

第二节　上市公司新股和可转换公司债券的发行与上市

5.2.1　上市公司向本所申请办理新股或者可转换公司债券发行事宜时，应当提交下列文件：

（一）中国证监会的核准文件；

（二）经中国证监会审核的全部发行申报材料；

（三）发行的预计时间安排；

（四）发行具体实施方案和发行公告；

（五）相关招股意向书或者募集说明书；

（六）本所要求的其他文件。

5.2.2　上市公司应当按照中国证监会有关规定，编制并及时披露涉及新股和可转换公司债券发行的相关公告。

5.2.3　发行完成后，上市公司可以向本所申请新股或者可转换公司债券上市。

5.2.4　上市公司申请可转换公司债券在本所上市，应当符合下列条件：

（一）可转换公司债券的期限为一年以上；

（二）可转换公司债券实际发行额不少于五千万元；

（三）申请可转换公司债券上市时仍符合法定的公司债券发行条件。

5.2.5　上市公司申请新股或者可转换公司债券上市，应当按照有关规定编制上市公告书；申请新股上市的，还应当编制股份变动报告书。

5.2.6　上市公司向本所申请新股上市的，应当提交下列文件：

（一）上市报告书（申请书）；

（二）保荐协议或者财务顾问协议；

（三）上市保荐书或者财务顾问报告；

（四）发行完成后经具有从事证券、期货相关业务资格的会计师事务所出具的验资报告；

（五）结算公司对新增股份已登记托管的书面确认文件；

（六）董事、监事和高级管理人员持股情况变动的报告（如适用）；

（七）股份变动报告书及上市公告书；

（八）本所要求的其他文件。

根据相关规定无须保荐机构保荐的，上市公司无须提交保荐协议和上市保荐书。

5.2.7　上市公司向本所申请可转换公司债券上市的，应当提交下列文件：

（一）上市报告书（申请书）；

（二）申请可转换公司债券上市的董事会决议；

（三）保荐协议和上市保荐书；

（四）法律意见书；

（五）发行完成后经具有从事证券、期货相关业务资格的会计师事务所出具的验资报告；

（六）结算公司对可转换公司债券已登记托管的书面确认文件；

（七）可转换公司债券募集办法（募集说明书）；

（八）公司关于可转换公司债券的实际发行数额的说明；

（九）本所要求的其他文件。

5.2.8 上市公司在本所同意其新股、可转换公司债券的上市申请后，应当在新股、可转换公司债券上市前五个交易日内，在指定网站上披露下列文件：

（一）上市公告书；

（二）股份变动报告书（适用于新股上市）；

（三）本所要求的其他文件。

第三节 有限售条件的股份上市流通

5.3.1 上市公司向本所申请证券投资基金、法人、战略投资者配售的股份上市流通时，应当提交下列文件：

（一）上市流通申请书；

（二）配售结果的公告；

（三）配售股份的托管证明；

（四）有关向证券投资基金、法人、战略投资者配售的股份说明；

（五）上市流通提示性公告；

（六）本所要求的其他文件。

5.3.2 经本所同意后，上市公司应当在配售的股份上市流通前三个交易日内披露提示性公告。上市流通提示性公告应当包括下列内容：

（一）配售股份的上市流通时间；

（二）配售股份的上市流通数量；

（三）配售股份的发行价格；

（四）公司的历次股份变动情况。

5.3.3　上市公司向本所申请首次公开发行前已发行的股份上市流通时，应当提交下列文件：

（一）上市流通申请书；

（二）有关股东的持股情况说明及托管情况；

（三）有关股东所作出的限售承诺及其履行情况；

（四）股份上市流通提示性公告；

（五）本所要求的其他文件。

5.3.4　经本所同意后，上市公司应当至少在公开发行前已发行的股份上市流通前三个交易日内披露提示性公告，上市流通提示性公告应当包括下列内容：

（一）上市流通时间和数量；

（二）有关股东所作出的限售承诺及其履行情况；

（三）本所要求的其他内容。

5.3.5　上市公司向本所申请其他有限售条件的股份上市流通的，参照本节相关规定办理。

第六章　定期报告

6.1　上市公司应当披露的定期报告包括年度报告、半年度报告和季度报告。

公司应当在法律、行政法规、部门规章、规范性文件以及本规则规定的期限内，按照中国证监会及本所的有关规定编制并披露定期报告。

6.2　上市公司应当在每个会计年度结束之日起四个月内披露年度报告，在每个会计年度的上半年结束之日起两个月内披露半年度报告，在每个会计年度的前三个月、九个月结束后的一个月内披露季度报告。

预计不能在会计年度结束之日起两个月内披露年度报告的公司，应当在该会计年度结束后两个月内按照本规则11.3.7条的要求披露业绩快报。

公司第一季度季度报告的披露时间不得早于公司上一年度的年度报告披露时间。

公司预计不能在规定期限内披露定期报告的，应当及时向本所报告，并公告不能按期披露的原因、解决方案及延期披露的最后期限。

6.3　上市公司应当与本所约定定期报告的披露时间，本所根据均衡披露原则统筹安排各公司定期报告披露顺序。

公司应当按照本所安排的时间办理定期报告披露事宜。因故需变更披露时间的，应当提前五个交易日向本所提出书面申请，陈述变更理由，并明确变更后的披露时间，本所视情形决定是否予以调整。本所原则上只接受一次变更申请。

6.4　上市公司董事会应当确保公司定期报告的按时披露，因故无法形成有关定期报告的董事会决议的，应当以董事会公告的方式对外披露相关事项，说明无法形成董事会决议的具体原因和存在的风险。

公司不得披露未经董事会审议通过的定期报告。

6.5　上市公司董事会应当按照中国证监会和本所关于定期报告的有关规定，组织有关人员安排落实定期报告的编制和披露工作。

公司经理、财务负责人、董事会秘书等高级管理人员应当及时编制定期报告提交董事会审议；公司董事、高级管理人员应当依法对公司定期报告签署书面确认意见；公司监事会应当依法对董事会编制的公司定期报告进行审核并提出书面审核意见。

6.6 上市公司的董事、监事和高级管理人员，不得以任何理由拒绝对公司定期报告签署书面意见影响定期报告的按时披露。

公司董事会不得以任何理由影响公司定期报告的按时披露。

6.7 上市公司聘请为其提供会计报表审计、净资产验证及其他相关服务的会计师事务所应当具有执行证券、期货相关业务的资格。

公司聘请或者解聘会计师事务所必须由股东大会决定，董事会不得在股东大会决定前委任会计师事务所。

公司解聘或者不再续聘会计师事务所时，应当事先通知会计师事务所。公司股东大会就解聘会计师事务所进行表决时，会计师事务所可以陈述意见。会计师事务所提出辞聘的，应当向股东大会说明公司有无不当情形。

6.8 负责上市公司定期报告审计工作的注册会计师，应当严格遵守中国注册会计师职业道德规范和会计师事务所质量控制准则，不得因任何利害关系影响其客观、公正的立场或者出具不当、不实的审计报告，不得无故拖延审计工作影响公司定期报告的按时披露。

6.9 上市公司年度报告中的财务会计报告必须经具有从事证券、期货相关业务资格的会计师事务所审计。

公司半年度报告中的财务会计报告可以不经审计，但有下列情形之一的，公司应当聘请会计师事务所进行审计：

（一）拟在下半年进行利润分配、公积金转增股本或者弥补亏损的；

（二）因本规则 13.1.1 条第（五）项情形其股票被暂停上市的；

（三）中国证监会或者本所认为应当进行审计的其他情形。

公司季度报告中的财务资料无须审计，但中国证监会或者本所另有规定的除外。

6.10　上市公司当年存在募集资金使用的，公司应当在进行年度审计的同时，聘请会计师事务所对实际投资项目、实际投资金额、实际投入时间和完工程度等募集资金使用情况进行专项审核，出具专项审核报告，并在年度报告中披露专项审核的情况。

6.11　上市公司应当在定期报告经董事会审议后及时向本所报送，并提交下列文件：

（一）年度报告全文及其摘要（半年度报告全文及其摘要、季度报告全文及正文）；

（二）审计报告原件（如适用）；

（三）董事会和监事会决议及其公告文稿；

（四）按本所要求制作的载有定期报告和财务数据的电子文件；

（五）审计委员会对公司内部控制制度进行检查和评估后发表的专项意见；

（六）本所要求的其他文件。

6.12　在公司定期报告披露前出现业绩提前泄漏，或者因业绩传闻导致公司股票及其衍生品种交易异常波动的，上市公司应当及时按照本规则 11.3.7 条的要求披露业绩快报。

6.13　上市公司应当在每年年度报告披露后十个交易日内举行年度报告说明会，向投资者真实、准确地介绍公司的发展战略、生产经营、新产品和新技术开发、财务状况和经营业绩、投资项目等各方面情况。

公司年度报告说明会应当事先以公告的形式就活动时间、方式和主要内容等向投资者予以说明，年度报告说明会的有关资料应当刊载于公司网站和本所网站的上市公司投资者关系管理互动平台供投资者查阅。

6.14 按照中国证监会《公开发行证券的公司信息披露编报规则第14号——非标准无保留审计意见及其涉及事项的处理》规定，上市公司的财务会计报告被注册会计师出具非标准无保留审计意见的，公司在报送定期报告的同时应当向本所提交下列文件：

（一）董事会针对该审计意见涉及事项所做的专项说明，审议此专项说明的董事会决议以及决议所依据的材料；

（二）独立董事对审计意见涉及事项的意见；

（三）监事会对董事会有关说明的意见和相关的决议；

（四）负责审计的会计师事务所及注册会计师出具的专项说明；

（五）中国证监会和本所要求的其他文件。

6.15 负责审计的会计师事务所和注册会计师按本规则6.14条出具的专项说明应当至少包括下列内容：

（一）出具非标准无保留审计意见的依据和理由；

（二）非标准无保留审计意见涉及事项对报告期公司财务状况和经营成果影响的具体金额，若影响的金额导致公司盈亏性质发生变化的，应当明确说明；

（三）非标准无保留审计意见涉及事项是否明显违反企业会计准则、制度及相关信息披露规范性规定。

6.16 本规则6.14条所述非标准无保留审计意见涉及事项不属于明显违反企业会计准则、制度及相关信息披露规范性规定的，上市公司董事会应当按照《公开发行证券的公司信息披露编报规则第14号——非标准无保留审计意见及其涉及事项的处理》的规定，在相应定期报告中对该审计意见涉及事项作出详细说明。

6.17 本规则6.14条所述非标准无保留审计意见涉及事

项属于明显违反企业会计准则、制度及相关信息披露规范性规定的，上市公司应当对有关事项进行纠正，重新审计，并在本所规定的期限内披露纠正后的财务会计报告和有关审计报告。

公司未在本所规定的期限内披露经纠正和调整的财务会计报告和有关审计报告的，本所报中国证监会调查处理。

出现本规则 13.1.1 条第（六）项情形或者 13.4.1 第（八）项情形的，公司股票将被暂停上市或者终止上市。

6.18　上市公司最近一个会计年度的财务会计报告被注册会计师出具否定或者无法表示意见的审计报告，应当于其后披露的首个半年度报告和三季度报告中说明导致否定或者无法表示意见的情形是否已经消除。

6.19　上市公司应当认真对待本所对其定期报告的事后审核意见，及时回复本所的问询，并按要求对定期报告有关内容作出解释和说明。如需披露更正或者补充公告并修改定期报告的，公司应当在履行相应程序后公告，并在指定网站上披露修改后的定期报告全文。

6.20　发行可转换公司债券的上市公司按照本章规定所编制的年度报告和半年度报告还应当包括下列内容：

（一）转股价格历次调整的情况，经调整后的最新转股价格；

（二）可转换公司债券发行后累计转股的情况；

（三）前十名可转换公司债券持有人的名单和持有量；

（四）担保人盈利能力、资产状况和信用状况发生重大变化的情况；

（五）公司的负债情况、资信变化情况以及在未来年度还债的现金安排；

（六）中国证监会和本所规定的其他内容。

第七章　临时报告的一般规定

7.1　临时报告是指上市公司按照法律、行政法规、部门规章、规范性文件、本规则和本所其他相关规定发布的除定期报告以外的公告。

临时报告披露内容同时涉及本规则第八章、第九章、第十章和第十一章的，其披露要求和相关审议程序应当同时符合前述各章的相关规定。

临时报告（监事会公告除外）应当由公司董事会发布并加盖董事会公章。

7.2　上市公司应当及时向本所报送并披露临时报告，临时报告涉及的相关备查文件应当同时在本所指定网站上披露（如中介机构报告等文件）。

7.3　上市公司应当在临时报告所涉及的重大事件最先触及下列任一时点后及时履行首次披露义务：

（一）董事会、监事会做出决议时；

（二）签署意向书或者协议（无论是否附加条件或者期限）时；

（三）公司（含任一董事、监事或者高级管理人员）知悉或者理应知悉重大事件发生时。

7.4　对上市公司股票及其衍生品种交易价格可能产生较大影响的重大事件正处于筹划阶段，虽然尚未触及本规则 7.3 条规定的时点，但出现下列情形之一的，公司应当及时披露相关筹划情况和既有事实：

（一）该事件难以保密；

（二）该事件已经泄漏或者市场出现有关该事件的传闻；

（三）公司股票及其衍生品种交易已发生异常波动。

7.5　上市公司可以在中午休市期间或者下午三点三十分

后通过指定网站披露临时报告。

在下列紧急情况下，公司可以向本所申请相关股票及其衍生品种临时停牌，并在上午开市前或者市场交易期间通过指定网站披露临时报告：

（一）公共媒体中传播的信息可能或者已经对公司股票及其衍生品种交易价格产生较大影响，需要进行澄清的；

（二）公司股票及其衍生品种交易异常波动，需要进行说明的；

（三）公司及相关信息披露义务人发生可能对公司股票及其衍生品种交易价格产生较大影响的重大事件（包括处于筹划阶段的重大事件），有关信息难以保密或者已经泄漏的；

（四）中国证监会或者本所认为必要的其他情况。

7.6　上市公司按照本规则7.3条规定首次披露临时报告时，应当按照本规则规定的披露要求和本所制定的相关格式指引予以公告。在编制公告时若相关事实尚未发生，公司应当严格按要求公告既有事实，待相关事实发生后，再按照本规则和相关格式指引的要求披露完整的公告。

7.7　上市公司按照本规则7.3条或者7.4条规定履行首次披露义务后，还应当按照以下规定持续披露有关重大事件的进展情况：

（一）董事会、监事会或者股东大会就已披露的重大事件作出决议的，应当及时披露决议情况。

（二）公司就已披露的重大事件与有关当事人签署意向书或者协议的，应当及时披露意向书或者协议的主要内容。

上述意向书、协议的内容或者履行情况发生重大变更、被解除、终止的，应当及时披露变更、被解除、终止的情况和原因。

（三）已披露的重大事件获得有关部门批准或者被否决的，应当及时披露批准或者否决情况。

（四）已披露的重大事件出现逾期付款情形的，应当及时披露逾期付款的原因和相关付款安排。

（五）已披露的重大事件涉及主要标的尚待交付或者过户的，应当及时披露有关交付或者过户事宜。

超过约定的交付或者过户期限三个月仍未完成交付或者过户的，应当及时披露未如期完成的原因、进展情况和预计完成的时间，并在此后每隔三十日公告一次进展情况，直至完成交付或者过户。

（六）已披露的重大事件出现可能对公司股票及其衍生品种交易价格产生较大影响的其他进展或者变化的，应当及时披露事件的进展或者变化情况。

7.8　上市公司按照本规则 7.3 条或者 7.4 条规定报送的临时报告不符合本规则要求的，公司应当先披露提示性公告，解释未能按照要求披露的原因，并承诺在两个交易日内披露符合要求的公告。

7.9　上市公司控股子公司、全资子公司发生的本规则第九章、第十章、第十一章所述重大事件，视同上市公司发生的重大事件，适用前述各章的规定。

上市公司参股公司发生本规则第九章、第十章、第十一章所述重大事件，原则上按照上市公司在该参股公司的持股比例适用前述各章的规定。

上市公司参股公司发生重大事件虽未达到前述规定标准但可能对公司股票及其衍生品种交易价格产生重大影响的，公司应当参照前述各章的规定履行信息披露义务。

7.10　上市公司募集资金投资项目涉及本规则第九章、第十章所述重大交易或者关联交易事项的，公司应当对募集资金使用计划未明确的内容按照前述各章的规定履行信息披露义务，必要时应当提交公司股东大会审议。

第八章 董事会、监事会和股东大会决议

第一节 董事会和监事会决议

8.1.1 上市公司召开董事会会议，应当在会议结束后及时将董事会决议（包括所有提案均被否决的董事会决议）报送本所备案。董事会决议应当经与会董事签字确认。

本所要求提供董事会会议记录的，公司应当按本所要求提供。

8.1.2 董事会决议涉及须经股东大会表决的事项，或者本规则第六章、第九章、第十章和第十一章所述重大事件的，上市公司应当及时披露；董事会决议涉及本所认为有必要披露的其他事项的，公司也应当及时披露。

8.1.3 董事会决议涉及本规则第六章、第九章、第十章和第十一章所述重大事件，需要按照中国证监会有关规定或者本所制定的公告格式指引进行公告的，上市公司应当分别披露董事会决议公告和相关重大事项公告。

8.1.4 董事会决议公告应当包括下列内容：

（一）会议通知发出的时间和方式；

（二）会议召开的时间、地点、方式，以及是否符合有关法律、行政法规、部门规章和公司章程规定的说明；

（三）委托他人出席和缺席的董事人数和姓名、缺席的理由和受托董事姓名；

（四）每项议案获得的同意、反对和弃权的票数，以及有关董事反对或者弃权的理由；

（五）涉及关联交易的，说明应当回避表决的董事姓名、理由和回避情况；

（六）需要独立董事、保荐机构事前认可或者独立发表意

见的，说明事前认可情况或者所发表的意见；

（七）审议事项的具体内容和会议形成的决议。

8.1.5 上市公司召开监事会会议，应当在会议结束后及时将监事会决议报送本所备案，经本所登记后公告。

监事会决议应当经与会监事签字确认。监事应当保证监事会决议公告的内容真实、准确、完整，没有虚假记载、误导性陈述或者重大遗漏。

8.1.6 监事会决议公告应当包括下列内容：

（一）会议召开的时间、地点、方式，以及是否符合有关法律、行政法规、部门规章、规范性文件和公司章程规定的说明；

（二）委托他人出席和缺席的监事人数、姓名、缺席的理由和受托监事姓名；

（三）每项议案获得的同意、反对、弃权票数，以及有关监事反对或者弃权的理由；

（四）审议事项的具体内容和会议形成的决议。

第二节 股东大会决议

8.2.1 上市公司应当在年度股东大会召开二十日前或者临时股东大会召开十五日前，以公告方式向股东发出股东大会通知并向股东提供网络形式的投票平台。股东大会通知中应当列明会议召开的时间、地点、方式，以及会议召集人和股权登记日等事项，并充分、完整地披露所有提案的具体内容。公司还应当同时在本所指定网站披露有助于股东对拟讨论的事项作出合理判断所必需的其他资料。

8.2.2 上市公司应当在股东大会结束当日，将股东大会决议公告文稿、股东大会决议和法律意见书报送本所，经本所登记后披露股东大会决议公告。

本所要求提供股东大会会议记录的，公司应当按照本所要求提供。

8.2.3　上市公司发出股东大会通知后，无正当理由不得延期或者取消股东大会，通知中列明的提案不得取消。一旦出现延期或者取消的情形，公司应当在原定召开日期的至少两个交易日之前发布通知，说明延期或者取消的具体原因。延期召开股东大会的，公司应当在通知中公布延期后的召开日期。

8.2.4　股东大会召开前股东提出临时提案的，上市公司应当在规定时间内发出股东大会补充通知，披露提出临时提案的股东姓名或者名称、持股比例和新增提案的内容。

8.2.5　股东自行召集股东大会的，应当在发出股东大会通知前书面通知上市公司董事会并将有关文件报送本所备案。

在公告股东大会决议前，召集股东持股比例不得低于公司总股份的10%，召集股东应当在发出股东大会通知前申请在上述期间锁定其持有的公司股份。

股东大会会议期间发生突发事件导致会议不能正常召开的，上市公司应当立即向本所报告，说明原因并披露相关情况以及律师出具的专项法律意见书。

8.2.6　股东大会决议公告应当包括下列内容：

（一）会议召开的时间、地点、方式、召集人和主持人，以及是否符合有关法律、行政法规、部门规章、规范性文件和公司章程规定的说明；

（二）出席会议的股东（代理人）人数、所持（代理）股份及占上市公司有表决权总股份的比例；

（三）每项提案的表决方式；

（四）每项提案的表决结果；对股东提案作出决议的，应当列明提案股东的姓名或者名称、持股比例和提案内容；涉及关联交易事项的，应当说明关联股东回避表决情况；

（五）法律意见书的结论性意见，若股东大会出现否决提案的，应当披露法律意见书全文。

8.2.7　上市公司在股东大会上不得披露、泄漏未公开重大信息。

第九章　应披露的交易

9.1　本章所称“交易”包括下列事项：

（一）购买或者出售资产；

（二）对外投资（含委托理财、对子公司投资等）；

（三）提供财务资助（含委托贷款）；

（四）提供担保（含对子公司担保）；

（五）租入或者租出资产；

（六）签订管理方面的合同（含委托经营、受托经营等）；

（七）赠予或者受赠资产；

（八）债权或者债务重组；

（九）研究与开发项目的转移；

（十）签订许可协议；

（十一）放弃权利（含放弃优先购买权、优先认缴出资权利等）；

（十二）本所认定的其他交易。

上述购买、出售的资产不含购买原材料、燃料和动力，以及出售产品、商品等与日常经营相关的资产，但资产置换中涉及购买、出售此类资产的，仍包含在内。

9.2　上市公司发生的交易达到下列标准之一的，应当及时披露：

（一）交易涉及的资产总额占上市公司最近一期经审计总资产的10%以上，该交易涉及的资产总额同时存在账面值和评估值的，以较高者作为计算依据；

（二）交易标的（如股权）在最近一个会计年度相关的营业收入占上市公司最近一个会计年度经审计营业收入的10%

以上，且绝对金额超过五百万元；

（三）交易标的（如股权）在最近一个会计年度相关的净利润占上市公司最近一个会计年度经审计净利润的10%以上，且绝对金额超过一百万元；

（四）交易的成交金额（含承担债务和费用）占上市公司最近一期经审计净资产的10%以上，且绝对金额超过五百万元；

（五）交易产生的利润占上市公司最近一个会计年度经审计净利润的10%以上，且绝对金额超过一百万元。

上述指标计算中涉及的数据如为负值，取其绝对值计算。

9.3 上市公司发生的交易（上市公司受赠现金资产除外）达到下列标准之一的，上市公司除应当及时披露外，还应当提交股东大会审议：

（一）交易涉及的资产总额占上市公司最近一期经审计总资产的50%以上，该交易涉及的资产总额同时存在账面值和评估值的，以较高者作为计算依据；

（二）交易标的（如股权）在最近一个会计年度相关的营业收入占上市公司最近一个会计年度经审计营业收入的50%以上，且绝对金额超过三千万元；

（三）交易标的（如股权）在最近一个会计年度相关的净利润占上市公司最近一个会计年度经审计净利润的50%以上，且绝对金额超过三百万元；

（四）交易的成交金额（含承担债务和费用）占上市公司最近一期经审计净资产的50%以上，且绝对金额超过三千万元；

（五）交易产生的利润占上市公司最近一个会计年度经审计净利润的50%以上，且绝对金额超过三百万元。

上述指标计算中涉及的数据如为负值，取其绝对值计算。

9.4 上市公司与同一交易方同时发生本规则9.1条第

（二）项至第（四）项以外各项中方向相反的两个交易时，应当按照其中单个方向的交易涉及指标中较高者计算披露标准。

9.5 交易标的为股权，且购买或者出售该股权将导致上市公司合并报表范围发生变更的，该股权对应公司的全部资产和营业收入视为本规则 9.2 条和 9.3 条所述交易涉及的资产总额和与交易标的相关的营业收入。

9.6 上市公司发生的交易仅达到本规则 9.3 条第（三）项或者第（五）项标准，且公司最近一个会计年度每股收益的绝对值低于零点零五元的，公司可以向本所申请豁免适用 9.3 条提交股东大会审议的规定。

9.7 对于达到本规则 9.3 条规定标准的交易，若交易标的为公司股权，上市公司应当聘请具有从事证券、期货相关业务资格会计师事务所对交易标的最近一年又一期财务会计报告进行审计，审计截止日距协议签署日不得超过六个月；若交易标的为股权以外的其他资产，公司应当聘请具有从事证券、期货相关业务资格资产评估机构进行评估，评估基准日距协议签署日不得超过一年。

对于未达到 9.3 条规定标准的交易，若本所认为有必要的，公司也应当按照前款规定，聘请相关会计师事务所或者资产评估机构进行审计或者评估。

9.8 上市公司发生本规则 9.1 条规定的“购买或者出售资产”交易时，应当以资产总额和成交金额中的较高者作为计算标准，并按交易事项的类型在连续十二个月内累计计算，经累计计算达到最近一期经审计总资产 30% 的，除应当披露并参照本规则 9.7 条进行审计或者评估外，还应当提交股东大会审议，并经出席会议的股东所持表决权的三分之二以上通过。

已按照前款规定履行相关义务的，不再纳入相关的累计计算范围。

9.9　上市公司对外投资设立有限责任公司或者股份有限公司，应当以协议约定的全部出资额为标准适用本规则 9.2 条和 9.3 条的规定。

9.10　上市公司发生本规则 9.1 条规定的“提供财务资助”和“委托理财”等事项时，应当以发生额作为计算标准，并按交易事项的类型在连续十二个月内累计计算，经累计计算达到本规则 9.2 条或者 9.3 条标准的，适用 9.2 条或者 9.3 条的规定。

已经按照 9.2 条或者 9.3 条规定履行相关义务的，不再纳入相关的累计计算范围。

9.11　上市公司发生本规则 9.1 条规定的“提供担保”事项时，应当经董事会审议后及时对外披露。

“提供担保”事项属于下列情形之一的，还应当在董事会审议通过后提交股东大会审议：

（一）单笔担保额超过公司最近一期经审计净资产 10% 的担保；

（二）公司及其控股子公司的对外担保总额，超过公司最近一期经审计净资产 50% 以后提供的任何担保；

（三）为资产负债率超过 70% 的担保对象提供的担保；

（四）连续十二个月内担保金额超过公司最近一期经审计总资产的 30%；

（五）连续十二个月内担保金额超过公司最近一期经审计净资产的 50% 且绝对金额超过三千万元；

（六）对股东、实际控制人及其关联人提供的担保；

（七）本所或者公司章程规定的其他担保情形。

董事会审议担保事项时，必须经出席董事会会议的三分之二以上董事审议同意。股东大会审议前款第（四）项担保事项时，必须经出席会议的股东所持表决权的三分之二以上通过。

股东大会在审议为股东、实际控制人及其关联人提供的担保议案时，该股东或者受该实际控制人支配的股东，不得参与该项表决，该项表决由出席股东大会的其他股东所持表决权的半数以上通过。

9.12　上市公司在十二个月内发生的交易标的相关的同类交易，应当按照累计计算的原则适用本规则9.2条或者9.3条规定。

已按照9.2条或者9.3条规定履行相关义务的，不再纳入相关的累计计算范围。

9.13　对于已披露的担保事项，上市公司还应当在出现下列情形之一时及时披露：

（一）被担保人于债务到期后十五个交易日内未履行还款义务的；

（二）被担保人出现破产、清算或者其他严重影响还款能力情形的。

9.14　上市公司披露交易事项时，应当向本所提交下列文件：

（一）公告文稿；

（二）与交易有关的协议书或者意向书；

（三）董事会决议、独立董事意见及董事会决议公告文稿（如适用）；

（四）交易涉及的政府批文（如适用）；

（五）中介机构出具的专业报告（如适用）；

（六）本所要求的其他文件。

9.15　上市公司应当根据交易事项的类型，披露下述所有适用其交易的有关内容：

（一）交易概述和交易各方是否存在关联关系的说明；对于按照累计计算原则达到标准的交易，还应当简要介绍各单项交易情况和累计情况。

（二）交易对方的基本情况。

（三）交易标的的基本情况，包括标的的名称、账面值、评估值、运营情况，有关资产是否存在抵押、质押或者其他第三人权利，是否存在涉及有关资产的重大争议、诉讼或者仲裁事项，是否存在查封、冻结等司法措施。

交易标的为股权的，还应当说明该股权对应的公司的基本情况和最近一年又一期经审计的资产总额、负债总额、净资产、营业收入和净利润等财务数据。

交易标的涉及公司核心技术的，还应当说明出售或者购买的核心技术对公司未来整体业务运行的影响程度及可能存在的相关风险。

出售控股子公司股权导致上市公司合并报表范围变更的，还应当说明公司是否存在为该子公司提供担保、委托该子公司理财，以及该子公司占用公司资金等方面的情况；如存在，应当披露前述事项涉及的金额、对公司的影响和解决措施。

（四）交易协议的主要内容，包括成交金额、支付方式（如现金、股权、资产置换等）、支付期限或者分期付款的安排、协议的生效条件、生效时间以及有效期限等；交易协议有任何形式的附加或者保留条款，应当予以特别说明。

交易需经股东大会或者有权部门批准的，还应当说明需履行的合法程序及其进展情况。

（五）交易定价依据，支出款项的资金来源，以及董事会认为交易条款公平合理且符合股东整体利益的声明。

（六）交易标的的交付状态、交付和过户时间。

（七）进行交易的原因，公司预计从交易中获得的利益（包括潜在利益），以及交易对公司本期和未来财务状况和经营成果的影响（必要时应当咨询负责公司审计的会计师事务所）。

（八）关于交易对方履约能力的分析，包括说明与交易有关的任何担保或者其他保证。

（九）交易涉及的人员安置、土地租赁、债务重组等情况以及出售所得款项拟作的用途。

（十）关于交易完成后可能产生关联交易情况的说明。

（十一）关于交易完成后可能产生同业竞争及相关应对措施的说明。

（十二）中介机构及其意见。

（十三）本所要求的有助于说明交易实质的其他内容。

9.16　上市公司披露提供担保事项，除适用本规则 9.15 条的规定外，还应当披露截至披露日公司及其控股子公司对外担保总额、公司对控股子公司提供担保的总额、上述数额分别占公司最近一期经审计净资产的比例。

9.17　上市公司与其合并范围内的控股子公司发生的或者上述控股子公司之间发生的交易，除中国证监会或者本所另有规定外，免于按照本章规定披露和履行相应程序。

9.18　上市公司因实施募集资金投资项目发生本规则 9.1 条所述交易事项，且未曾按本规则 9.15 条的要求披露交易对方、交易标的、交易协议主要内容、交易定价依据、交易标的交付状态等情况的，应当比照 9.15 条的要求进行全面披露。

上述交易事项构成关联交易的，公司还应当比照本规则第十章的规定进行披露。必要时，本所可以要求公司提交股东大会审议。

第十章　关联交易

第一节　关联交易及关联人

10.1.1　上市公司的关联交易，是指上市公司或者其控股子公司与上市公司关联人之间发生的转移资源或者义务的事项，包括：

（一）本规则 9.1 条规定的交易事项；

（二）购买原材料、燃料、动力；

（三）销售产品、商品；

（四）提供或者接受劳务；

（五）委托或者受托销售；

（六）关联双方共同投资；

（七）其他通过约定可能造成资源或者义务转移的事项。

10.1.2　上市公司的关联人包括关联法人和关联自然人。

10.1.3　具有下列情形之一的法人或者其他组织，为上市公司的关联法人：

（一）直接或者间接控制上市公司的法人或者其他组织；

（二）由前项所述法人直接或者间接控制的除上市公司及其控股子公司以外的法人或者其他组织；

（三）由本规则 10.1.5 条所列上市公司的关联自然人直接或者间接控制的，或者担任董事、高级管理人员的，除上市公司及其控股子公司以外的法人或者其他组织；

（四）持有上市公司 5% 以上股份的法人或者一致行动人；

（五）中国证监会、本所或者上市公司根据实质重于形式的原则认定的其他与上市公司有特殊关系，可能造成上市公司对其利益倾斜的法人或者其他组织。

10.1.4　上市公司与本规则 10.1.3 条第（二）项所列法人受同一国有资产管理机构控制而形成 10.1.3 条第（二）项所述情形的，不因此构成关联关系，但该法人的董事长、经理或者半数以上的董事属于本规则 10.1.5 条第（二）项所列情形者除外。

10.1.5　具有下列情形之一的自然人，为上市公司的关联自然人：

（一）直接或者间接持有上市公司 5% 以上股份的自然人；

（二）上市公司董事、监事及高级管理人员；

（三）直接或者间接控制上市公司的法人或者其他组织的董事、监事及高级管理人员；

（四）本条第（一）项至第（三）项所述人士的关系密切的家庭成员，包括配偶、父母、配偶的父母、兄弟姐妹及其配偶、年满十八周岁的子女及其配偶、配偶的兄弟姐妹和子女配偶的父母；

（五）中国证监会、本所或者上市公司根据实质重于形式的原则认定的其他与上市公司有特殊关系，可能造成上市公司对其利益倾斜的自然人。

10.1.6　具有下列情形之一的法人或者自然人，视同为上市公司的关联人：

（一）因与上市公司或者其关联人签署协议或者作出安排，在协议或者安排生效后，或者在未来十二个月内，具有本规则 10.1.3 条或者 10.1.5 条规定情形之一的；

（二）过去十二个月内，曾经具有 10.1.3 条或者 10.1.5 条规定情形之一的。

10.1.7　上市公司董事、监事、高级管理人员、持股 5% 以上的股东及其一致行动人、实际控制人，应当将与其存在关联关系的关联人情况及时告知上市公司。

公司应当及时更新关联人名单并将上述关联人情况及时向本所备案。

第二节　关联交易的程序与披露

10.2.1　上市公司董事会审议关联交易事项时，关联董事应当回避表决，也不得代理其他董事行使表决权。该董事会会议由过半数的非关联董事出席即可举行，董事会会议所做决议须经非关联董事过半数通过。出席董事会的非关联董事人数不足三人的，公司应当将该交易提交股东大会审议。

前款所称关联董事包括下列董事或者具有下列情形之一的董事：

（一）交易对方；

（二）在交易对方任职，或者在能直接或者间接控制该交易对方的法人或者其他组织、该交易对方直接或者间接控制的法人或者其他组织任职；

（三）拥有交易对方的直接或者间接控制权的；

（四）交易对方或者其直接或者间接控制人的关系密切的家庭成员（具体范围参见本规则 10.1.5 条第（四）项的规定）；

（五）交易对方或者其直接或者间接控制人的董事、监事和高级管理人员的关系密切的家庭成员（具体范围参见本规则 10.1.5 条第（四）项的规定）；

（六）中国证监会、本所或者上市公司认定的因其他原因使其独立的商业判断可能受到影响的人士。

10.2.2　股东大会审议关联交易事项时，下列股东应当回避表决：

（一）交易对方；

（二）拥有交易对方直接或者间接控制权的；

（三）被交易对方直接或者间接控制的；

（四）与交易对方受同一法人或者自然人直接或者间接控制的；

（五）交易对方或者其直接或者间接控制人的关系密切的家庭成员（具体范围参见本规则 10.1.5 条第（四）项的规定）；

（六）在交易对方任职，或者在能直接或者间接控制该交易对方的法人单位或者该交易对方直接或者间接控制的法人单位任职的（适用于股东为自然人的情形）；

（七）因与交易对方或者其关联人存在尚未履行完毕的股

权转让协议或者其他协议而使其表决权受到限制或者影响的；

（八）中国证监会或者本所认定的可能造成上市公司对其利益倾斜的法人或者自然人。

10.2.3 上市公司与关联自然人发生的交易金额在三十万元以上的关联交易，应当经董事会审议后及时披露。

公司不得直接或者通过子公司向董事、监事或者高级管理人员提供借款。

10.2.4 上市公司与关联法人发生的交易金额在一百万元以上，且占上市公司最近一期经审计净资产绝对值 0.5% 以上的关联交易，应当经董事会审议后及时披露。

10.2.5 上市公司与公司董事、监事和高级管理人员及其配偶发生关联交易，应当在对外披露后提交公司股东大会审议。

10.2.6 上市公司与关联人发生的交易（公司获赠现金资产和提供担保除外）金额在一千万元以上，且占公司最近一期经审计净资产绝对值 5% 以上的关联交易，除应当及时披露外，还应当比照本规则 9.7 条的规定聘请具有从事证券、期货相关业务资格的中介机构，对交易标的进行评估或者审计，并将该交易提交股东大会审议。

本规则 10.2.12 条所述与日常经营相关的关联交易所涉及的交易标的，可以不进行审计或者评估。

10.2.7 上市公司为关联人提供担保的，不论数额大小，均应当在董事会审议通过后提交股东大会审议。

10.2.8 上市公司披露关联交易事项时，应当向本所提交下列文件：

（一）公告文稿；

（二）本规则 9.14 条第（二）项至第（五）项所列文件；

（三）独立董事事前认可该交易的书面文件；

（四）独立董事和保荐机构的意见；

（五）本所要求提供的其他文件。

10.2.9 上市公司披露的关联交易公告应当包括下列内容：

（一）交易概述及交易标的的基本情况。

（二）独立董事的事前认可情况和独立董事、保荐机构发表的独立意见。

（三）董事会表决情况（如适用）。

（四）交易各方的关联关系说明和关联人基本情况。

（五）交易的定价政策及定价依据，包括成交价格与交易标的账面值、评估值以及明确、公允的市场价格之间的关系，以及因交易标的特殊而需要说明的与定价有关的其他特定事项。

若成交价格与账面值、评估值或者市场价格差异较大的，应当说明原因。如交易有失公允的，还应当披露本次关联交易所产生的利益转移方向。

（六）交易协议的主要内容，包括交易价格、交易结算方式、关联人在交易中所占权益的性质和比重、协议生效条件、生效时间、履行期限等。

（七）交易目的及对公司的影响，包括进行此次关联交易的必要性和真实意图，对本期和未来财务状况和经营成果的影响（必要时应当咨询负责公司审计的会计师事务所），支付款项的来源或者获得款项的用途等。

（八）当年年初至披露日与该关联人累计已发生的各类关联交易的总金额。

（九）本规则 9.15 条规定的其他内容。

（十）中国证监会和本所要求的有助于说明交易实质的其他内容。

10.2.10 上市公司发生的关联交易涉及本规则 9.1 条规定的“提供财务资助”“提供担保”和“委托理财”等事项

时，应当以发生额作为计算标准，并按交易事项的类型在连续十二个月内累计计算，经累计计算达到本规则 10.2.3 条、10.2.4 条或者 10.2.6 条标准的，适用 10.2.3 条 10.2.4 条或者 10.2.6 条的规定。

已按照 10.2.3 条、10.2.4 条或者 10.2.6 条的规定履行相关义务的，不再纳入相关的累计计算范围。

10.2.11　上市公司在连续十二个月内发生的以下关联交易，应当按照累计计算的原则适用本规则 10.2.3 条、10.2.4 条或者 10.2.6 条的规定：

（一）与同一关联人进行的交易；

（二）与不同关联人进行的与同一交易标的相关的交易。

上述同一关联人包括与该关联人受同一主体控制或者相互存在股权控制关系的其他关联人。

已按照 10.2.3 条、10.2.4 条或者 10.2.6 条的规定履行相关义务的，不再纳入相关的累计计算范围。

10.2.12　上市公司与关联人进行本规则 10.1.1 条第（二）项至第（五）项所列的与日常经营相关的关联交易事项，应当按照下述规定进行披露并履行相应审议程序：

（一）对于首次发生的日常关联交易，公司应当与关联人订立书面协议并及时披露，根据协议涉及的交易金额分别适用本规则 10.2.3 条、10.2.4 条或者 10.2.6 条的规定提交董事会或者股东大会审议；协议没有具体交易金额的，应当提交股东大会审议。

（二）已经公司董事会或者股东大会审议通过且正在执行的日常关联交易协议，如果执行过程中主要条款未发生重大变化的，公司应当在定期报告中按要求披露相关协议的实际履行情况，并说明是否符合协议的规定；如果协议在执行过程中主要条款发生重大变化或者协议期满需要续签的，公司应当将新修订或者续签的日常关联交易协议，根据协议涉及的交易金额分别适用 10.2.3 条、10.2.4 条或者 10.2.6 条的规定提交董事会或者股东大会审议；协议没有具体交易金额的，应当提交股东大会审议。

（三）对于每年发生的数量众多的日常关联交易，因需要经常订立新的日常关联交易协议而难以按照本条第（一）项规定将每份协议提交董事会或者股东大会审议的，公司可以在披露上一年度报告之前，对本公司当年度将发生的日常关联交易总金额进行合理预计，根据预计金额分别适用 10.2.3 条、10.2.4 条或者 10.2.6 条的规定提交董事会或者股东大会审议并披露；对于预计范围内的日常关联交易，公司应当在年度报告和半年度报告中予以披露。如果在实际执行中日常关联交易金额超过预计总金额的，公司应当根据超出金额分别适用 10.2.3 条、10.2.4 条或者 10.2.6 条的规定重新提交董事会或者股东大会审议并披露。

10.2.13　日常关联交易协议至少应当包括交易价格、定价原则和依据、交易总量或者其确定方法、付款方式等主要条款。

协议未确定具体交易价格而仅说明参考市场价格的，公司在按照本规则 10.2.12 条规定履行披露义务时，应当同时披露实际交易价格、市场价格及其确定方法、两种价格存在差异的原因。

10.2.14　上市公司与关联人签订日常关联交易协议的期限超过三年的，应当每三年根据本章规定重新履行审议程序及披露义务。

10.2.15　上市公司因公开招标、公开拍卖等行为导致公司与关联人的关联交易时，公司可以向本所申请豁免按照本规则 10.2.6 条的规定提交股东大会审议。

公司应当按照本规则 10.2.9 条的规定披露前款关联交易事项。必要时，本所可以要求公司聘请相关会计师事务所或者资产评估机构进行审计或者评估。

10.2.16　上市公司与关联人达成下列关联交易时，可以免予按照本章规定履行相关义务：

（一）一方以现金方式认购另一方公开发行的股票、公司债券或者企业债券、可转换公司债券或者其他衍生品种；

（二）一方作为承销团成员承销另一方公开发行的股票、公司债券或者企业债券、可转换公司债券或者其他衍生品种；

（三）一方依据另一方股东大会决议领取股息、红利或者报酬；

（四）本所认定的其他情况。

第十一章　其他重大事件

第一节　重大诉讼和仲裁

11.1.1　上市公司发生的重大诉讼、仲裁事项涉及金额占公司最近一期经审计净资产绝对值 10% 以上，且绝对金额超过 500 万元的，应当及时披露。

未达到前款标准或者没有具体涉案金额的诉讼、仲裁事项，董事会基于案件特殊性认为可能对公司股票及其衍生品种交易价格产生较大影响，或者本所认为有必要的，或者涉及公司股东大会、董事会决议被申请撤销或者宣告无效的诉讼的，公司也应当及时披露。

11.1.2　上市公司发生的重大诉讼、仲裁事项应当采取连续十二个月累计计算的原则，经累计计算达到本规则 11.1.1 条标准的，适用 11.1.1 条规定。

已经按照 11.1.1 条规定履行相关义务的，不再纳入累计计算范围。

11.1.3　上市公司披露重大诉讼、仲裁事项时应当向本所提交下列文件：

（一）公告文稿；

（二）起诉书或者仲裁申请书、受理（应诉）通知书；

（三）裁定书、判决书或者裁决书；

（四）本所要求的其他材料。

11.1.4 上市公司关于重大诉讼、仲裁事项的公告应当包括下列内容：

（一）案件受理情况和基本案情；

（二）案件对公司本期利润及期后利润的影响；

（三）公司及控股子公司是否还存在尚未披露的其他诉讼、仲裁事项；

（四）本所要求的其他内容。

11.1.5 上市公司应当及时披露重大诉讼、仲裁事项的重大进展情况及其对公司的影响，包括但不限于诉讼案件的一审和二审判决结果、仲裁裁决结果以及判决、裁决执行情况等。

第二节 募集资金管理

11.2.1 上市公司应当建立、健全募集资金管理制度，并确保该制度的有效实施。募集资金管理制度应当对募集资金专户存储、使用、变更、监督和责任追究等内容进行明确规定。

11.2.2 上市公司募集资金应当存放于董事会决定的专项账户集中管理，并与保荐机构、存放募集资金的商业银行签订三方监管协议，在协议签订后及时报本所备案并公告协议主要内容。设置多个募集资金专户的，公司还应当说明原因并提出保证高效使用募集资金、有效确保募集资金安全的措施。

11.2.3 上市公司应当按照发行申请文件中承诺的募集资金投资计划使用募集资金，出现严重影响募集资金投资计划正常进行的情形时，公司应当及时报告本所并公告。

11.2.4 上市公司拟变更募集资金投资项目的，应当在董事会审议后及时披露，并提交股东大会审议。

11.2.5　上市公司变更募集资金投资项目，应当向本所提交下列文件：

（一）公告文稿；

（二）董事会决议和决议公告文稿；

（三）独立董事对变更募集资金投资项目的意见；

（四）监事会对变更募集资金投资项目的意见；

（五）保荐机构对变更募集资金投资项目的意见；

（六）关于变更募集资金投资项目的说明；

（七）新项目的合作意向书或者协议（如适用）；

（八）新项目立项机关的批文（如适用）；

（九）新项目的可行性研究报告（如适用）；

（十）相关中介机构报告（如适用）；

（十一）终止原项目的协议（如适用）；

（十二）本所要求的其他文件。

11.2.6　上市公司变更募集资金投资项目，应当披露下列内容：

（一）原项目基本情况及变更的具体原因；

（二）新项目的基本情况、市场前景和风险提示；

（三）新项目已经取得或者尚待有关部门审批的说明（如适用）；

（四）有关变更募集资金投资项目尚需提交股东大会审议的说明；

（五）独立董事、监事会、保荐机构对变更募集资金投资项目的意见；

（六）本所要求的其他内容。

新项目涉及购买资产、对外投资的，还应当比照本规则的相关规定进行披露。

第三节 业绩预告、业绩快报和盈利预测

11.3.1 上市公司预计全年度、半年度、前三季度经营业绩或者财务状况将出现下列情形之一的，应当及时进行业绩预告：

（一）净利润为负；

（二）净利润与上年同期相比上升或者下降50%以上；

（三）与上年同期或者最近一期定期报告业绩相比，出现盈亏性质的变化；

（四）期末净资产为负。

11.3.2 以下比较基数较小的上市公司出现本规则11.3.1条第（二）项情形的，经本所同意可以豁免进行业绩预告：

（一）上一年年度每股收益虽为正值，但低于或者等于零点零五元；

（二）上一年半年度每股收益值虽为正值，但低于或者等于零点零三元；

（三）上一年前三季度每股收益虽为正值，但低于或者等于零点零四元；

11.3.3 上市公司连续两年亏损或者因追溯调整导致最近连续两年以上亏损的，应当于其后披露的首个半年度报告和三季度报告中分别对前三季度和全年盈亏情况进行预告。

11.3.4 上市公司应当合理、谨慎、客观、准确地披露业绩预告和业绩快报。公司披露业绩预告后，又预计本期业绩与已披露的业绩预告差异较大的，应当按照本所的有关规定及时披露业绩预告修正公告或业绩快报。

11.3.5 上市公司披露业绩预告或者业绩预告修正公告时，应当向本所提交下列文件：

（一）公告文稿；

（二）董事会的有关说明；

（三）注册会计师对公司作出业绩预告或者修正其业绩预告的依据及过程是否适当和审慎的意见（如适用）；

（四）本所要求的其他文件。

11.3.6 上市公司披露的业绩预告修正公告应当包括下列内容：

（一）预计的本期业绩；

（二）预计的本期业绩与已披露的业绩预告存在的差异及造成差异的原因；

（三）董事会的致歉说明和对公司内部责任人的认定情况；

（四）关于公司股票可能被暂停上市、恢复上市或者终止上市的说明（如适用）。

若业绩预告修正经过注册会计师预审计的，还应当说明公司与注册会计师在业绩预告方面是否存在分歧及分歧所在。

11.3.7 上市公司可以在定期报告披露前发布业绩快报，业绩快报应当披露上市公司本期及上年同期营业收入、营业利润、利润总额、净利润、总资产、净资产、每股收益、每股净资产和净资产收益率等数据和指标。公司披露业绩快报时，应当向本所提交下列文件：

（一）公告文稿；

（二）经公司现任法定代表人、主管会计工作的负责人、总会计师（如有）、会计机构负责人（会计主管人员）签字并盖章的比较式资产负债表和利润表；

（三）本所要求的其他文件。

11.3.8 上市公司应当确保业绩快报中的财务数据和指标与相关定期报告的实际数据和指标不存在重大差异。若有关财务数据和指标的差异幅度达到20%以上的，公司应当在披露相关定期报告的同时，以董事会公告的形式进行致歉，并说明差异内容及其原因、对公司内部责任人的认定情况等。

11.3.9 上市公司预计本期业绩与已披露的盈利预测有重大差异的，应当及时披露盈利预测修正公告，并向本所提交下列文件：

（一）公告文稿；

（二）董事会的有关说明；

（三）董事会关于确认修正盈利预测的依据及过程是否适当和审慎的函件；

（四）注册会计师关于实际情况与盈利预测存在差异的专项说明；

（五）本所要求的其他文件。

11.3.10 上市公司披露的盈利预测修正公告应当包括下列内容：

（一）预计的本期业绩；

（二）预计的本期业绩与已披露的盈利预测存在的差异及造成差异的原因；

（三）关于公司股票可能被暂停上市、恢复上市或者终止上市的说明（如适用）。

第四节　利润分配和资本公积金转增股本

11.4.1 上市公司应当在董事会审议通过利润分配和资本公积金转增股本方案（以下简称“方案”）后，及时披露方案的具体内容。

11.4.2 上市公司在实施方案前，应当向本所提交下列文件：

（一）方案实施公告；

（二）相关股东大会决议；

（三）结算公司有关确认方案具体实施时间的文件；

（四）本所要求的其他文件。

11.4.3　上市公司应当于实施方案的股权登记日前三至五个交易日内披露方案实施公告。

11.4.4　方案实施公告应当包括下列内容：

（一）通过方案的股东大会届次和日期；

（二）派发现金股利、股份股利、资本公积金转增股本的比例（以每 10 股表述）、股本基数（按实施前实际股本计算），以及是否含税和扣税情况等；

（三）股权登记日、除权日、新增股份上市日；

（四）方案实施办法；

（五）股本变动结构表（按变动前总股本、本次派发红股数、本次转增股本数、变动后总股本、占总股本比例等项目列示）；

（六）派发股利、资本公积金转增股本后，需要调整的衍生品种行权（转股）价、行权（转股）比例、承诺的最低减持价情况等（如适用）；

（七）派发股份股利、资本公积金转增股本后，按新股本摊薄计算的上年度每股收益或者本年度中期每股收益；

（八）有关咨询办法。

11.4.5　上市公司应当在股东大会审议通过方案后的两个月内，完成利润分配及转增股本事宜。

第五节　股票交易异常波动和澄清

11.5.1　股票交易被中国证监会或者本所根据有关规定、业务规则认定为异常波动的，上市公司应当于次一交易日披露股票交易异常波动公告。在特殊情况下，本所可以安排公司在非交易日公告。

股票交易异常波动的计算从公告之日起重新开始。公告日为非交易日的，从下一交易日重新开始计算。

11.5.2　上市公司披露股票交易异常波动公告时，应当向本所提交下列文件：

（一）公告文稿；

（二）董事会的分析说明；

（三）函询控股股东及其实际控制人的相关文件（如有）；

（四）有助于说明问题实质的其他文件。

11.5.3 上市公司披露的股票交易异常波动公告应当包括下列内容：

（一）股票交易异常波动情况的说明；

（二）对重要问题的关注、核实情况说明；

（三）是否存在应披露而未披露信息的声明；

（四）是否存在违反公平信息披露情形的说明；

（五）本所要求的其他内容。

11.5.4 公共媒体传播的消息（以下简称“传闻”）可能或者已经对上市公司股票及其衍生品种交易价格产生较大影响的，公司应当第一时间向本所提供传闻传播的证据，并发布澄清公告。

11.5.5 上市公司披露的澄清公告应当包括下列内容：

（一）传闻内容及其来源；

（二）传闻所涉及事项的真实情况；

（三）有助于说明问题实质的其他内容。

第六节 回购股份

11.6.1 本节适用于上市公司为减少注册资本而进行的回购。因实施股权激励方案等而进行的回购，依据中国证监会和本所的其他相关规定执行。

11.6.2 上市公司应当在董事会审议通过回购股份相关事项后，及时披露董事会决议、回购股份预案，并发布召开股东大会的通知。

回购股份预案至少应当包括下列内容：

（一）回购股份的目的；

（二）回购股份的方式；

（三）回购股份的价格或者价格区间、定价原则；

（四）拟回购股份的种类、数量及占总股本的比例；

（五）拟用于回购的资金总额及资金来源；

（六）回购股份的期限；

（七）预计回购后公司股权结构的变动情况；

（八）管理层关于本次回购股份对公司经营、财务及未来发展影响的分析。

11.6.3　上市公司应当聘请独立财务顾问就回购股份事宜进行尽职调查，出具独立财务顾问报告，并在股东大会召开五日前予以公告。

11.6.4　上市公司应当在股东大会召开前三日，将董事会公告回购股份决议的前一个交易日及召开股东大会的股权登记日登记在册的前十名股东的姓名或者名称及持股数量、比例，在本所网站予以公布。

11.6.5　上市公司股东大会对回购股份作出决议，须经出席会议的股东所持表决权的三分之二以上通过。

公司作出回购股份决议后，应当在十日内通知债权人，并于三十日内在报纸上公告。

11.6.6　采用集中竞价交易方式回购股份的，上市公司应当在股东大会作出回购股份决议后的次日公告该决议，并将相关材料报送中国证监会和本所备案，同时公告回购报告书。

采用要约方式回购股份的，公司应当在收到中国证监会无异议函后的两个交易日内予以公告，并在实施回购方案前公告回购报告书和法律意见书。

上述回购报告书应当包括如下内容：

（一）本规则11.6.2条规定的回购股份预案应当包括的内容；

（二）公司董事、监事、高级管理人员在股东大会回购决议公告前六个月是否存在买卖公司股票的行为，是否存在单独或者与他人联合进行内幕交易及市场操纵的说明；

（三）独立财务顾问就本次回购股份出具的结论性意见；

（四）律师事务所就本次回购股份出具的结论性意见；

（五）其他应说明的事项。

采取要约方式回购股份的，还应当对股东预受及撤回预受要约的方式和程序、股东委托办理要约回购中相关股份预受、撤回、结算、过户登记等事宜的证券公司名称及其通讯方式等事项作出说明。

11.6.7　采取集中竞价交易方式回购股份的，上市公司应当在下列情形下履行报告、公告义务：

（一）公司应当在首次回购股份事实发生的次日予以公告；

（二）公司回购股份占公司总股本的比例每增加1%的，应当在事实发生之日起三日内予以公告；

（三）公司在回购期间应当在每个月的前三个交易日内公告截至上月末的回购进展情况，包括已回购股份的数量和比例、购买的最高价和最低价、支付的总金额等；

（四）公司在回购期间应当在定期报告中公告回购进展情况，包括已回购股份的数量和比例、购买的最高价和最低价、支付的总金额等；

（五）回购期届满或者回购方案已实施完毕的，公司应当停止回购行为，并在三日内公告回购股份情况以及公司股份变动报告，包括已回购股份总额、购买的最高价和最低价以及支付的总金额等内容。

回购股份期间，公司不得发行股份募集资金。

11.6.8　上市公司距回购期届满三个月时仍未实施回购方案的，董事会应当就未能实施回购的原因予以公告。

11.6.9　回购期届满或者回购方案已实施完毕的，上市公司应当停止回购行为，撤销回购专用账户，在两个交易日内公告回购股份方案实施情况及公司股份变动报告。

公司回购股份数量、比例、使用资金总额等实施情况与股东大会审议通过的回购股份方案存在差异的，应当同时在公告中对差异作出解释说明。

第七节　可转换公司债券涉及的重大事项

11.7.1　发行可转换公司债券的上市公司出现下列情形之一时，应当及时向本所报告并披露：

（一）因发行新股、送股、分立或者其他原因引起股份变动，需要调整转股价格，或者依据募集说明书约定的转股价格向下修正条款修正转股价格的；

（二）可转换公司债券转换为股票的数额累计达到可转换公司债券开始转股前公司已发行股份总额的 10% 的；

（三）公司信用状况发生重大变化，可能影响如期偿还债券本息的；

（四）可转换公司债券担保人发生重大资产变动、重大诉讼、合并、分立等情况的；

（五）未转换的可转换公司债券总额少于三千万元的；

（六）有资格的信用评级机构对可转换公司债券的信用或者公司的信用进行评级，并已出具信用评级结果的；

（七）可能对可转换公司债券交易价格产生较大影响的其他重大事件；

（八）中国证监会和本所规定的其他情形。

11.7.2　投资者持有上市公司已发行的可转换公司债券达到发行总量的 20% 时，应当在事实发生之日起两个交易日内向本所报告，并通知公司予以公告。

持有上市公司已发行的可转换公司债券 20% 及以上的投

资者，其所持公司已发行的可转换公司债券比例每增加或者减少10%时，应当在事实发生之日起两个交易日内依照前款规定履行报告和公告义务。

11.7.3　上市公司应当在可转换公司债券约定的付息日前三至五个交易日内披露付息公告，在可转换公司债券期满前三至五个交易日内披露本息兑付公告。

11.7.4　上市公司应当在可转换公司债券开始转股前三个交易日内披露实施转股的公告。

11.7.5　上市公司行使赎回权时，应当在每年首次满足赎回条件后的五个交易日内至少发布三次赎回公告。赎回公告应当载明赎回的程序、价格、付款方法、时间等内容。

赎回期结束，公司应当公告赎回结果及影响。

11.7.6　在可以行使回售权的年份内，上市公司应当在每年首次满足回售条件后的五个交易日内至少发布三次回售公告。回售公告应当载明回售的程序、价格、付款方法、时间等内容。

回售期结束，公司应当公告回售结果及影响。

11.7.7　经股东大会批准变更募集资金投资项目的，上市公司应当在股东大会通过后二十个交易日内赋予可转换公司债券持有人一次回售的权利。有关回售公告至少发布三次，其中，在回售实施前、股东大会决议公告后五个交易日内至少发布一次，在回售实施期间至少发布一次，余下一次回售公告发布的时间视需要而定。

11.7.8　上市公司在可转换公司债券转换期结束的二十个交易日前应当至少发布三次提示公告，提醒投资者有关在可转换公司债券转换期结束前的十个交易日停止交易的事项。

公司出现可转换公司债券按规定须停止交易的其他情形时，应当在获悉有关情形后及时披露其可转换公司债券将停止交易的公告。

11.7.9　上市公司应当在每一季度结束后及时披露因可转换公司债券转换为股份所引起的股份变动情况。

第八节　收购及相关股份权益变动

11.8.1　投资者及其一致行动人拥有权益的股份达到一个上市公司已发行股份的5%时，应当在该事实发生后及时通知上市公司并予以公告。

在一个上市公司中拥有权益的股份达到该公司已发行股份的5%以上的股东及公司的实际控制人，其拥有权益的股份变动涉及《证券法》《上市公司收购管理办法》规定的收购或股份权益变动情形的，该股东、实际控制人及其他相关信息披露义务人应当按照《证券法》《上市公司收购管理办法》等的规定履行报告和公告义务，并及时通知公司发布提示性公告。

公司应当在知悉上述收购或股份权益变动时，及时对外发布公告。

11.8.2　上市公司控股股东以协议方式向收购人转让其所持股份时，控股股东及其关联人如存在未清偿对公司的负债、未解除公司为其提供的担保或者其他损害公司利益情形的，公司董事会应当如实对外披露相关情况并提出解决措施。

11.8.3　在一个上市公司中拥有权益的股份达到该公司已发行股份的5%以上的股东或者公司的实际控制人通过证券交易系统买卖上市公司股份，每增加或减少比例达到公司股份总数的1%时，相关股东、实际控制人及其他信息披露义务人应当委托上市公司在该事实发生之日起两个交易日内就该事项作出公告，公告内容包括股份变动的数量、平均价格、股份变动前后持股情况等。

11.8.4　上市公司涉及被要约收购的，应当在收购人公告《要约收购报告书》后的二十日内披露《被收购公司董事会报告书》与独立财务顾问出具的专业意见。

收购人对收购要约条件作出重大修改的，被收购上市公司董事会应当在三个交易日内披露董事会和独立财务顾问的补充意见。

11.8.5　上市公司董事、监事、高级管理人员、员工或者其所控制或者委托的法人、其他组织拟对上市公司进行收购或者取得控制权的，公司应当披露由非关联董事表决作出的董事会决议、非关联股东表决作出的股东大会决议以及独立董事和独立财务顾问的意见。

11.8.6　因上市公司减少股本，导致投资者及其一致行动人在该公司中拥有权益的股份达到该公司已发行股份的5%或者变动幅度达到该公司已发行股份的5%的，公司应当自完成减少股本的变更登记之日起两个交易日内就因此导致的公司股东权益的股份变动情况作出公告。

11.8.7　上市公司受股东委托代为披露相关股份变动过户手续事宜的，应当在获悉相关股份变动过户手续完成后及时对外公告。

11.8.8　上市公司收购及相关股份权益变动活动中的信息披露义务人在依法披露前，如相关信息已在媒体上传播或者公司股票及其衍生品种交易出现异常的，公司董事会应当立即问询有关当事人并对外公告。

11.8.9　上市公司股东、实际控制人未履行报告和公告义务的，公司董事会应当自知悉之日起作出报告和公告，并督促股东、实际控制人履行报告和公告义务。

11.8.10　上市公司股东、实际控制人未履行报告和公告义务，拒不履行相关配合义务，或者实际控制人存在不得收购上市公司的情形的，公司董事会应当拒绝接受被实际控制人支配的股东向董事会提交的提案或者临时提案，并及时报告本所及有关监管部门。

11.8.11　上市公司涉及其他上市公司的收购或者股份权

益变动活动的，应当按照《证券法》《上市公司收购管理办法》等的规定履行报告和公告义务。

第九节 股权激励

11.9.1 实行股权激励计划的上市公司，应当严格遵守中国证监会和本所关于股权激励的相关规定，履行必要的审议程序和报告、公告义务。

11.9.2 上市公司应当在董事会审议通过股权激励计划后，及时按本所的要求提交材料，并对外发布股权激励计划公告。

董事会审议股权激励计划时，本次激励计划中成为激励对象的关联董事应当回避表决。

11.9.3 上市公司应当在刊登股权激励计划公告的同时，在本所指定网站详细披露激励对象姓名、拟授予限制性股票或者股票期权的数量、占股权激励计划拟授予总量的比例等情况。

激励对象或者拟授予的权益数量发生变化的，公司应当自董事会审议通过相关议案后两个交易日内在本所指定网站更新相应资料。

11.9.4 上市公司在披露股权激励计划方案后，应当按照有关规定及时报中国证监会备案，并同时抄报公司所在地证监局。

中国证监会对公司股权激励计划备案无异议后，公司应当及时对外公告，发布召开股东大会的通知。

11.9.5 上市公司应当在股东大会审议股权激励计划后，及时向本所报送相关材料并对外公告。

11.9.6 上市公司应当在股权激励计划授予条件成就后，及时召开董事会审议相关授予事项，并按本规则和本所关于股权激励的相关规定披露董事会对授予条件是否成就等事项的审议结果及授予安排情况。

11.9.7　上市公司应当按规定及时办理限制性股票或者股票期权的授予登记。

公司应当在完成限制性股票或者股票期权的授予登记后，及时披露限制性股票或者股票期权授予完成情况。

因公司权益分配等原因导致限制性股票、股票期权相关参数发生变化的，公司应当按照权益分配或者股权激励计划中约定的调整公式对相关数据进行调整，并及时披露调整情况。

11.9.8　上市公司应当在股权激励计划设定的限制性股票解除限售、股票期权行权条件得到满足后，及时召开董事会审议相关实施方案，并按本规则和本所关于股权激励的相关规定，披露董事会对限制性股票解除限售或者股票期权行权条件是否成就等事项的审议结果及具体实施安排。

11.9.9　上市公司应当按规定及时办理股权激励获授股份解除限售、股票期权行权的相关登记手续，并及时披露获授股份解除限售公告或者股票期权行权公告。

第十节　破产

11.10.1　上市公司应当在董事会作出向法院申请重整、和解或者破产清算的决定时，或者知悉债权人向法院申请公司重整或者破产清算时，及时向本所报告并披露下列事项：

（一）公司作出申请决定的具体原因、正式递交申请的时间（适用于公司主动申请情形）；

（二）申请人的基本情况、申请目的、申请的事实和理由（适用于债权人申请情形）；

（三）申请重整、和解或者破产清算对公司的影响说明及风险提示；

（四）其他需要说明的情况。

11.10.2　上市公司应当及时向本所报告并披露法院受理

重整、和解或者破产清算申请的相关进展情况，包括：

（一）法院受理重整、和解或者破产清算申请前，申请人请求撤回申请；

（二）法院作出受理或者不予受理重整、和解或者破产清算申请的裁定；

（三）本所要求披露的其他事项。

11.10.3 法院受理重整、和解或者破产清算申请的，上市公司应当及时向本所报告并披露下列内容：

（一）申请人名称（适用于债权人申请情形）；

（二）法院作出受理重整、和解或者破产清算申请裁定的时间及裁定的主要内容；

（三）法院指定的管理人的基本情况（包括管理人名称、负责人、成员、职责、处理事务的地址和联系方式等）；

（四）负责公司进入破产程序后信息披露事务的责任人情况（包括责任主体名称、成员、联系方式等）；

（五）本所要求披露的其他事项。

公司应当同时在公告中充分揭示其股票及其衍生品种可能被终止上市的风险。

公司股票及其衍生品种应当按照本规则第十二章的有关规定停牌、复牌。

11.10.4 在法院受理破产清算申请后，宣告上市公司破产前，公司应当就所涉事项及时披露以下情况：

（一）公司或者出资额占公司注册资本10%以上的出资人向法院提出重整申请及申请时间、申请理由等情况；

（二）公司向法院提出和解申请及申请时间、申请理由等情况；

（三）法院作出同意或者不同意公司重整或者和解申请的裁定、裁定时间及裁定的主要内容；

（四）债权人会议计划召开情况；

（五）法院经审查发现公司不符合《企业破产法》规定情形而作出驳回公司破产申请裁定、裁定时间、裁定的主要内容以及相关申请人是否上诉的情况说明；

（六）本所要求披露的其他事项。

11.10.5 在重整期间，上市公司应当就所涉事项及时披露如下内容：

（一）债权申报情况（至少在法定申报债权期限内每月末披露一次）；

（二）重整计划草案的制定情况（包括向法院和债权人会议提交重整计划草案的时间、重整计划草案的主要内容等）；

（三）重整计划草案的表决通过和法院批准情况；

（四）法院强制批准重整计划草案情况；

（五）与重整有关的行政许可批准情况；

（六）法院裁定终止重整程序的原因及时间；

（七）法院裁定宣告公司破产的原因及时间；

（八）本所要求披露的其他事项。

11.10.6 被法院裁定和解的上市公司，应当及时就所涉事项披露如下内容：

（一）债权申报情况（至少在法定申报债权期限内每月末披露一次）；

（二）公司向法院提交和解协议草案的时间及草案主要内容；

（三）和解协议草案的表决通过和法院认可情况；

（四）与和解有关的行政许可批准情况；

（五）法院裁定终止和解程序的原因及时间；

（六）法院裁定宣告公司破产的原因及时间；

（七）本所要求披露的其他事项。

11.10.7 在重整计划、和解协议执行期间，上市公司应当及时就所涉事项披露以下情况：

（一）重整计划、和解协议执行的重大进展情况；

（二）因公司不能执行或者不执行重整计划或者和解协议，法院经管理人、利害关系人或者债权人请求，裁定宣告公司破产的有关情况；

（三）本所要求披露的其他事项。

11.10.8　上市公司披露上述重整、和解或者破产清算事项时，应当按照披露事项所涉情形向本所提交下列文件：

（一）公告文稿；

（二）管理人说明文件；

（三）法院出具的法律文书；

（四）重整计划、和解协议草案；

（五）重整计划、和解协议草案涉及的有关部门审批文件；

（六）重整计划、和解协议草案涉及的协议书或者意向书；

（七）董事会决议；

（八）股东大会决议；

（九）债权人会议决议；

（十）职工代表大会决议；

（十一）律师事务所出具的专门意见；

（十二）会计师事务所、资产评估机构等中介机构出具的文件；

（十三）本所要求的其他文件。

11.10.9　进入破产程序的上市公司，除应当及时披露上述信息外，还应当按照本规则和本所的其他有关规定，及时向本所报送并对外披露定期报告和临时报告。

11.10.10　进入破产程序的上市公司，触及本规则第十三章规定的终止上市条件的，本所按照该章的相关规定对公司股票作出终止上市的决定。

11.10.11　上市公司采取管理人管理运作模式的，管理人及其成员应当按照《证券法》以及最高人民法院、中国证监会和本所的相关规定，真实、准确、完整、及时地履行信息披露义务，并确保对公司所有债权人和股东公平地披露信息。

公司披露的定期报告应当由管理人的成员签署书面确认意见，公司披露的临时报告应当由管理人发布并加盖管理人公章。

11.10.12　上市公司采取管理人监督运作模式的，公司董事会、监事会和高级管理人员应当继续按照本规则和本所有关规定履行信息披露义务。

管理人应当及时将涉及信息披露的所有事项告知公司董事会，并督促公司董事、监事和高级管理人员勤勉尽责地履行信息披露义务。

11.10.13　进入重整、和解程序的上市公司，其重整计划、和解协议涉及增加或者减少公司注册资本、发行公司债券、公司合并、公司分立、收购本公司股份等事项的，应当按有关规定履行必要的表决和审批程序，并按照本规则和本所其他相关规定履行信息披露义务。

第十一节　其他

11.11.1　上市公司和相关信息披露义务人应当严格遵守承诺事项。公司应当及时将公司承诺事项和相关信息披露义务人承诺事项单独摘出报送本所备案，同时在本所指定网站上单独披露。

公司应当在定期报告中专项披露上述承诺事项的履行情况。如出现公司或者相关信息披露义务人不能履行承诺的情形，公司应当及时披露具体原因和董事会拟采取的措施。

11.11.2　上市公司董事、监事、高级管理人员、控股股东、实际控制人、持有公司首次公开发行股票前已发行股份的股东、重组方及其一致行动人、上市公司购买资产对应经营实体的股份或者股权持有人，以及其他持有法律、行政法规、部门规章、规范性文件和本所规定的限售股的股东或者其他自愿承诺股份限售的股东，应当遵守其在公开募集及上市文件、信息披露文件或者其他文件中作出的公开承诺：如上市公司因首次公开发行股票、发行新股的申请或者相关披露文件存在虚假记载、误导性陈述或者重大遗漏被中国证监会立案稽查的，暂停转让其拥有权益的公司股份。

11.11.3　上市公司出现下列使公司面临重大风险情形之一的，应当及时向本所报告并披露：

（一）发生重大亏损或者遭受重大损失；

（二）发生重大债务、未清偿到期重大债务或者重大债权到期未获清偿；

（三）可能依法承担的重大违约责任或者大额赔偿责任；

（四）计提大额资产减值准备；

（五）公司决定解散或者被依法强制解散；

（六）主要债务人出现资不抵债或者进入破产程序，上市公司对相应债权未提取足额坏账准备；

（七）主要资产被查封、扣押、冻结或者被抵押、质押；

（八）全部或者主要业务陷入停顿；

（九）公司因涉嫌违法违规被有权机关调查或者受到重大行政、刑事处罚；

（十）公司董事、监事和高级管理人员因涉嫌违法违规被有权机关调查或者采取强制措施而无法履行职责，或者因身体、工作安排等其他原因无法正常履行职责达到或者预计达到三个月以上的；

（十一）本所或者公司认定的其他重大风险情况。

上述事项涉及具体金额的，应当比照适用本规则9.2条的规定。

上市公司出现前款第（九）项情形，且因涉嫌欺诈发行或涉嫌重大信息披露违法被中国证监会立案稽查的，公司应当每月披露一次风险提示公告，说明立案稽查的情况进展及公司股票可能被暂停上市的风险。本所或公司董事会认为有必要的，可以增加风险提示公告的披露次数，并视情况对公司股票及其衍生品种的停牌与复牌作出相应安排。

11.11.4　上市公司出现下列情形之一的，公司应当至少在每月前五个交易日内披露一次风险提示公告，包括对公司的影响、为消除风险已经和将要采取的措施及有关工作进展情况，直至相关风险消除。公司没有采取措施或者相关工作没有相应进展的，也应当披露并说明具体原因：

（一）全部或者主要业务陷入停顿且预计在三个月以内不能恢复正常；

（二）公司主要银行账号被冻结；

（三）公司董事会无法正常召开会议并形成董事会决议；

（四）公司向控股股东或者其关联人提供资金或者违反规定程序对外提供担保且情形严重的；

（五）中国证监会或者本所认定的其他情形。

11.11.5　上市公司出现下列情形之一的，应当及时向本所报告并披露：

（一）变更公司名称、股票简称、公司章程、注册资本、注册地址、办公地址和联系电话等，其中公司章程发生变更的，还应当将新的公司章程在本所指定网站上披露；

（二）经营方针、经营范围和公司主营业务发生重大变化；

（三）变更会计政策、会计估计；

（四）董事会通过发行新股或者其他再融资方案；

（五）中国证监会对公司发行新股或者其他再融资申请、重大资产重组事项提出相应的审核意见；

（六）持有公司5%以上股份的股东或者实际控制人持股情况或者控制公司的情况发生或者拟发生较大变化；

（七）公司董事长、经理、董事（含独立董事）或者三分之一以上的监事提出辞职或者发生变动；

（八）生产经营情况、外部条件或者生产环境发生重大变化（包括产品价格、原材料采购、销售方式发生重大变化等）；

（九）订立重要合同，可能对公司的资产、负债、权益和经营成果产生重大影响；

（十）新颁布的法律、行政法规、部门规章、规范性文件、政策可能对公司经营产生重大影响；

（十一）聘任、解聘为公司提供审计服务的会计师事务所；

（十二）法院裁定禁止控股股东转让其所持股份；

（十三）任一股东所持公司5%以上股份被质押、冻结、司法拍卖、托管、设定信托或者被依法限制表决权；

（十四）获得大额政府补贴等额外收益或者发生可能对公司的资产、负债、权益或者经营成果产生重大影响的其他事项；

（十五）本所或者公司认定的其他情形。

11.11.6　上市公司一次性签署与日常生产经营相关的采购、销售、工程承包或者提供劳务等合同的金额占公司最近一个会计年度经审计主营业务收入50%以上，且绝对金额超过一亿元的，应当及时披露，并至少应当包含下列内容：

（一）合同重大风险提示，包括但不限于提示合同的生效条件、履行期限、重大不确定性等；

（二）合同当事人情况介绍，包括但不限于当事人基本情况、最近三个会计年度与公司发生的购销金额以及公司董事会对当事人履约能力的分析等；

（三）合同主要内容，包括但不限于交易价格、结算方式、签订时间、生效条件及时间、履行期限、违约责任等；

（四）合同履行对公司的影响，包括但不限于合同履行对公司当前会计年度及以后会计年度的影响、对公司业务独立性的影响等；

（五）合同的审议程序（如有）；

（六）其他相关说明。

公司应当及时披露重大合同的进展情况，包括但不限于合同生效、合同履行中出现的重大不确定性、合同提前解除、合同终止或者履行完毕等。

公司销售、供应依赖于单一或者少数重大客户的，如果与该客户或者该几个客户间发生有关销售、供应合同条款的重大变动（包括但不限于中断交易、合同价格、数量发生重大变化等），应当及时公告变动情况及对公司当年及未来的影响。

11.11.7　上市公司出现下列使公司的核心竞争能力面临重大风险情形之一的，应当及时向本所报告并披露：

（一）公司在用的商标、专利、专有技术、特许经营权等重要资产或者技术的取得或者使用发生重大不利变化；

（二）公司核心技术团队或者关键技术人员等对公司核心竞争能力有重大影响的人员辞职或者发生较大变动；

（三）公司核心技术、关键设备、经营模式等面临被替代或者被淘汰的风险；

（四）公司放弃对重要核心技术项目的继续投资或者控制权；

（五）本所或者公司认定的其他影响核心竞争能力的重大风险情形。

11.11.8　上市公司独立或者与第三方合作研究、开发新技术、新产品、新服务或者对现有技术进行改造取得重要进展，该等进展对公司盈利或者未来发展有重要影响的，公司应当及时披露该重要影响及可能存在的风险。

11.11.9 上市公司因前期已公开披露的财务会计报告存在差错或者虚假记载被责令改正，或者经董事会决定改正的，应当在被责令改正或者董事会作出相应决定时，及时予以披露，并按照中国证监会《公开发行证券的公司信息披露编报规则第19号——财务信息的更正及相关披露》等有关规定的要求，办理财务信息的更正及相关披露事宜。

11.11.10 上市公司涉及股份变动的减资（回购除外）、合并、分立方案，应当在获得中国证监会批准后，及时报告本所并公告。

11.11.11 上市公司减资、合并、分立方案实施过程中涉及信息披露和股份变更登记等事项的，应当按照中国证监会和本所的有关规定办理。

第十二章 停牌和复牌

12.1 上市公司发生本章规定的停牌事项，应当向本所申请对其股票及其衍生品种停牌与复牌。

本章未有明确规定的，公司可以以本所认为合理的理由向本所申请对其股票及其衍生品种停牌与复牌，本所视情况决定公司股票及其衍生品种的停牌与复牌事宜。

12.2 上市公司应当披露的重大信息如存在不确定性因素且预计难以保密的，或者在按规定披露前已经泄漏的，公司应当第一时间向本所申请停牌，直至按规定披露后复牌。

12.3 公共媒体中出现上市公司尚未披露的信息，可能或者已经对公司股票及其衍生品种交易价格产生较大影响的，本所可以在交易时间对公司股票及其衍生品种实施停牌，直至公司披露相关公告的当日复牌。

公司披露日为非交易日的，则在公告披露后的首个交易日开市时复牌。

12.4　上市公司出现本规则6.17条所述情形，未在本所规定的期限内披露经纠正和调整的财务会计报告和有关审计报告的，本所将于规定期限届满后次一交易日对公司股票及其衍生品种实施停牌一天后复牌。

12.5　上市公司未在法定披露期限内公布年度报告、半年度报告或者未在本规则规定的期限内公布季度报告的，本所于相关定期报告法定披露期限届满后次一交易日，对该公司股票及其衍生品种实施停牌一天后复牌。

未披露季度报告的同时存在未披露年度报告或者半年度报告情形的，公司股票及其衍生品种应当按照本条前款和本规则第十三章的规定停牌与复牌。

12.6　上市公司财务会计报告因存在重要的前期差错或者虚假记载，中国证监会或者本所责令其改正但未在规定期限内改正的，本所于规定期限届满后次一交易日对公司股票及其衍生品种实施停牌一天后复牌。

公司因财务会计报告存在重要的前期差错或者虚假记载，对以前年度财务会计报告进行追溯调整，导致最近两年年末净资产为负的，公司股票及其衍生品种自披露经调整的财务会计报告和有关审计报告之日起停牌。

12.7　上市公司在公司运作和信息披露方面涉嫌违反法律、行政法规、部门规章或者本所其他相关规定，情节严重的，在被有关部门调查期间，本所视情况决定该公司股票及其衍生品种停牌与复牌时间。

12.8　上市公司披露的信息不符合本规则等有关规定，且拒不按要求进行更正、解释或者补充披露的，本所可以对该公司股票及其衍生品种实施停牌，直至公司披露相关公告的当日复牌。公告日为非交易日的，则在公告后首个交易日开市时复牌。

12.9　上市公司严重违反本规则且在规定期限内拒不按要求改正的，本所可以对其股票及其衍生品种实施停牌，并视情况决定其复牌时间。

12.10　上市公司因故使本所失去关于公司的有效信息来源时，本所可以对该公司股票及其衍生品种实施停牌，直至前述情况消除后复牌。

12.11　上市公司因要约收购以外的其他原因导致股权分布或者股东人数发生变化导致连续二十个交易日不具备上市条件的，本所将于上述交易日期满后次一交易日对该公司股票及其衍生品种实施停牌。公司可以在停牌后一个月内，向本所提出解决股权分布问题或者股东人数问题的具体方案及书面申请，经本所同意后，公司股票及其衍生品种可以复牌。

12.12　上市公司因收购人履行要约收购义务，或者收购人以终止公司上市地位为目的而发出全面要约的，要约收购期满至要约收购结果公告前，公司股票及其衍生品种应当停牌。

根据收购结果，被收购上市公司股权分布或者股东人数具备上市条件的，公司股票及其衍生品种应当于要约结果公告日复牌；股权分布或者股东人数不具备上市条件，且收购人以终止公司上市地位为收购目的的，公司股票及其衍生品种应当于要约结果公告日继续停牌，直至本所终止其股票及其衍生品种上市；股权分布或者股东人数不具备上市条件，但收购人不以终止公司上市地位为收购目的的，公司股票及其衍生品种应当于要约结果公告日继续停牌，公司应当在本所规定的期限内向本所提交股权分布或者股东人数问题的解决方案，经本所同意实施后，公司股票及其衍生品种复牌。

12.13　上市公司应当在收到法院受理公司重整、和解或者破产清算申请的裁定文件的当日立即向本所报告并于次一交易日公告，公司股票及其衍生品种于公告之日停牌一天后复牌。

本所自公司股票及其衍生品种复牌起二十个交易日届满后次一交易日对该公司股票及其衍生品种实施停牌。

公司可以在法院作出批准公司重整计划、和解协议，或者终止重整、和解程序的裁定时向本所提出复牌申请。本所可以视情况调整公司股票及其衍生品种的停牌与复牌时间。

12.14　上市公司在其股票及其衍生品种被实施停牌期间，应当至少每五个交易日披露一次未能复牌的原因（本规则另有规定的除外）和相关事件的进展情况。

12.15　上市公司出现本规则第十三章规定的情况，或者发生重大事件而影响公司股票及其衍生品种上市资格的，公司股票及其衍生品种按本规则第十三章的有关规定停牌与复牌。

12.16　可转换公司债券上市交易期间出现下列情况之一时，可转换公司债券停止交易：

（一）可转换公司债券流通面值少于三千万元时，在公司发布相关公告三个交易日后停止其可转换公司债券的交易；

（二）可转换公司债券转换期结束前的十个交易日停止其交易；

（三）可转换公司债券在赎回期间停止交易；

（四）中国证监会和本所认为应当停止交易的其他情况。

12.17　除上述规定外，本所还可以根据实际情况或者中国证监会的要求，决定上市公司股票及其衍生品种的停牌与复牌。

第十三章　暂停、恢复、终止上市

第一节　暂停上市

13.1.1　上市公司出现下列情形之一的，本所可以决定暂停其股票上市：

（一）最近三年连续亏损（以最近三年的年度财务会计报告披露的当年经审计净利润为依据）；

（二）因财务会计报告存在重要的前期差错或者虚假记载，对以前年度财务会计报告进行追溯调整，导致最近三年连续亏损；

（三）最近一个年度的财务会计报告显示当年年末经审计净资产为负；

（四）因财务会计报告存在重要的前期差错或者虚假记载，对以前年度财务会计报告进行追溯调整，导致最近一年年末经审计净资产为负；

（五）最近两个年度的财务会计报告均被注册会计师出具否定或者无法表示意见的审计报告；

（六）因本规则12.4条或者12.6条所述情形财务会计报告被中国证监会或者本所责令改正但公司未在规定期限内披露改正后的财务会计报告和审计报告，并在规定期限届满之日起四个月内仍未改正；

（七）在法定披露期限届满之日起两个月内仍未披露年度报告或者半年度报告；

（八）因欺诈发行受到中国证监会行政处罚，或者因涉嫌欺诈发行罪被依法移送公安机关；

（九）因重大信息披露违法受到中国证监会行政处罚，或者因涉嫌违规披露、不披露重要信息罪被依法移送公安机关；

（十）因本规则12.11条或者12.12条所述情形，公司股权分布或者股东人数不具备上市条件，公司在本所规定的期限内提交了股权分布或者股东人数问题的解决方案并实施，但公司股票被复牌后的六个月内其股权分布或者股东人数仍不具备上市条件；

（十一）股本总额发生变化不再具备上市条件，在本所规定期限内仍未达到上市条件；

（十二）本所规定的其他情形。

13.1.2　上市公司可能出现暂停上市风险的，应当在以下时点首次发布公司股票可能被暂停上市的风险提示公告，之后每五个交易日发布一次，直至暂停上市风险消除或者本所作出公司股票暂停上市的决定：

（一）公司连续两年亏损的，在披露其后首个半年度报告时；

（二）因财务会计报告存在重要的前期差错或者虚假记载，须对以前年度财务会计报告进行追溯调整的，在知悉追溯调整导致最近三年连续亏损时；

（三）公司知悉年末净资产为负时；

（四）因财务会计报告存在重要的前期差错或者虚假记载，须对以前年度财务会计报告进行追溯调整的，在知悉追溯调整导致最近一年年末净资产为负时；

（五）公司最近一个会计年度的财务会计报告被注册会计师出具否定或者无法表示意见的审计报告的，在披露其后首个半年度报告时；

（六）因本规则 12.4 条或者 12.6 条所述情形财务会计报告被中国证监会或者本所责令改正但未在规定期限内改正的，在规定期限届满后次一交易日；

（七）未能在法定披露期限内披露年度报告或者半年度报告的，在定期报告法定披露期限届满后次一交易日；

（八）披露公司因涉嫌欺诈发行被中国证监会立案稽查的公告时；

（九）披露公司因涉嫌重大信息披露违法被中国证监会立案稽查的公告时；

（十）公司因股权分布或者股东人数发生变化导致连续十个交易日不具备上市条件的，在其后首个交易日；

（十一）知悉股本总额发生变化不再具备上市条件时；

（十二）预计可能出现本规则 13.1.1 条所述情形之一时；

（十三）本所认定的其他时点。

本所可以视情况调整公司股票可能被暂停上市的风险提示公告的披露次数。

13.1.3　上市公司依据本规则 13.3.1 条申请其股票主动终止上市出现本规则 13.1.1 条规定情形的，不适用本节的规定。

13.1.4　上市公司发布公司股票可能被暂停上市的风险提示公告，应当包括下列内容：

（一）公司股票可能被暂停上市的情形；

（二）公司股票可能被暂停上市的风险提示，包括但不限于可能被暂停上市的时间、影响因素等；

（三）董事会关于消除暂停上市风险的意见及已经和将要采取的具体措施；

（四）公司接受投资者咨询的主要方式；

（五）本所要求的其他内容。

13.1.5　上市公司出现本规则 13.1.1 条第（一）项至第（五）项情形的，本所自公司披露年度报告之日起，对公司股票及其衍生品种实施停牌，并在停牌后十五个交易日内作出是否暂停其股票上市的决定。

公司在披露年度报告的同时应当披露股票将被暂停上市的风险提示公告。

13.1.6　上市公司出现本规则 13.1.1 条第（六）项情形的，本所自四个月期满后次一交易日对公司股票及其衍生品种实施停牌，并在停牌后十五个交易日内作出是否暂停其股票上市的决定。

13.1.7　上市公司出现本规则 13.1.1 条第（七）项情形的，本所自两个月期满后次一交易日对公司股票及其衍生品种实施停牌，并在停牌后十五个交易日内作出是否暂停其股票上市的决定。

13.1.8　上市公司出现本规则13.1.1条第（八）项、第（九）项规定情形的，公司应当于知悉中国证监会作出行政处罚决定或者移送公安机关决定时立即向本所申请停牌，并在收到前述决定文件后对外公告，公司股票及其衍生品种于公告次一交易日继续停牌一天。本所自公司股票及其衍生品种复牌后三十个交易日期限届满后的次一交易日对公司股票及其衍生品种实施停牌，并在停牌后十五个交易日内作出是否暂停其股票上市的决定。

公司股票暂停上市期间，公司董事会应当在定期报告中对其股票还可能被终止上市的风险进行专项评估，提出应对预案并予以披露。

13.1.9　上市公司出现本规则13.1.1条第（十）项情形的，本所自六个月期满后次一交易日对公司股票及其衍生品种实施停牌，并在停牌后十五个交易日内作出是否暂停其股票上市的决定。

13.1.10　上市公司出现本规则13.1.1条第（十一）项情形的，本所自规定期限届满后次一交易日对公司股票及其衍生品种实施停牌，并在停牌后十五个交易日内作出是否暂停其股票上市的决定。

13.1.11　本所在作出暂停股票上市决定后的两个交易日内通知上市公司并公告，同时报中国证监会备案。

13.1.12　上市公司应当在收到本所暂停其股票上市的决定之日及时披露股票暂停上市公告。股票暂停上市公告应当包括下列内容：

（一）暂停上市股票的种类、简称、证券代码以及暂停上市起始日；

（二）有关股票暂停上市决定的主要内容；

（三）董事会关于争取恢复股票上市的意见及具体措施；

（四）股票可能被终止上市的风险提示；

（五）暂停上市期间公司接受投资者咨询的主要方式；

（六）本所要求的其他内容。

13.1.13　股票暂停上市期间，上市公司应当继续履行上市公司的有关义务，并至少在每月前五个交易日内披露一次为恢复上市所采取的措施及有关工作进展情况，并提示可能被终止上市的风险。公司没有采取重大措施或者恢复上市计划没有相应进展的，也应当披露并说明具体原因。

13.1.14　上市公司出现下列情形之一的，本所有权决定暂停其可转换公司债券上市：

（一）公司有重大违法行为；

（二）公司情况发生重大变化不符合公司可转换公司债券上市条件；

（三）发行公司可转换公司债券所募集的资金不按照核准的用途使用；

（四）未按照公司可转换公司债券募集办法履行义务；

（五）公司最近两年连续亏损；

（六）因公司触及本规则 13.1.1 条规定其股票被本所暂停上市的情形。

13.1.15　可转换公司债券暂停上市事宜参照本节股票暂停上市有关规定办理。

第二节　恢复上市

13.2.1　上市公司在其股票被暂停上市后申请恢复上市的，至少应当符合下列条件：

（一）具备完善的公司治理结构；

（二）具有可持续的盈利能力；

（三）内控制度健全且运作规范；

（四）暂停上市期间主营业务未发生重大变化；

（五）财务会计文件无虚假记载，且不存在重大违法违规行为；

（六）不存在本规则13.1.1条所述情形。

13.2.2　上市公司因本规则13.1.1条第（一）项、第（二）项情形其股票被暂停上市的，在股票暂停上市期间，同时符合下列条件的，可以在公司披露首个年度报告后五个交易日内向本所提出恢复股票上市的书面申请：

（一）在法定披露期限内披露经审计的暂停上市后首个年度报告；

（二）经审计的年度财务会计报告显示公司当年净利润为正，净利润以扣除非经常性损益前后的净利润孰低者为计算依据；

（三）暂停上市后披露的首个年度财务会计报告被注册会计师出具标准无保留意见的审计报告。

13.2.3　上市公司因本规则13.1.1条第（三）项、第（四）项情形其股票被暂停上市的，在股票暂停上市期间，同时符合下列条件的，可以在公司披露首个年度报告后五个交易日内向本所提出恢复股票上市的书面申请：

（一）在法定披露期限内披露经审计的暂停上市后首个年度报告；

（二）经审计的年度财务会计报告显示当年年末净资产为正；

（三）暂停上市后披露的首个年度财务会计报告被注册会计师出具标准无保留意见的审计报告。

13.2.4　上市公司因本规则13.1.1条第（五）项情形其股票被暂停上市的，暂停上市后披露的首个经审计半年度财务会计报告显示该项情形已消除，可以在公司披露半年度报告后五个交易日内向本所提出恢复上市的书面申请。

13.2.5　上市公司因本规则13.1.1条第（六）项情形其

股票被暂停上市的，在暂停上市后两个月内披露了改正后的经审计财务会计报告的，可以在公司披露相关财务会计报告后五个交易日内向本所提出恢复上市的书面申请。

13.2.6 上市公司因本规则 13.1.1 条第（七）项情形其股票被暂停上市的，在暂停上市后一个月内披露了年度报告或者半年度报告的，可以在公司披露相关定期报告后五个交易日内向本所提出恢复上市的书面申请。

13.2.7 上市公司因本规则 13.1.1 条第（八）项、第（九）项规定情形其股票被本所暂停上市后，符合下列情形之一的，本所在收到中国证监会、公安机关、人民检察院或人民法院相关决定或裁判文书后的五个交易日内，作出撤销对公司股票暂停上市的决定：

（一）中国证监会行政处罚决定被依法撤销，且中国证监会不能以欺诈发行、重大信息披露违法为由重新对公司作出行政处罚决定，或者因对违规行为性质的认定发生根本性变化，被依法变更的；

（二）公安机关决定不予立案或者撤销案件，人民检察院做出不起诉决定，人民法院作出无罪判决或者免于刑事处罚，且中国证监会不能以欺诈发行、重大信息披露违法为由依法对公司作出行政处罚决定。

公司应当在收到前述相关法律文书后及时发布公告，说明公司是否将依据本规则规定向本所申请恢复上市，并应当在公告后的五个交易日内向本所提交恢复上市的书面申请。

公司如还存在触及本规则规定的除欺诈发行、重大信息披露违法情形外的暂停上市、终止上市情形的，应当同时适用相关规定。

13.2.8 上市公司因本规则 13.1.1 条第（九）项规定情形股票被暂停上市后，同时符合下列要求且不存在本规则规定的除欺诈发行、重大信息披露违法情形外的暂停上市情形的，公司可以在披露其违法情形影响消除公告后的五个交易日内，向本所提出恢复上市的书面申请：

（一）已全面纠正违法行为；

（二）已及时撤换有关责任人员；

（三）已对民事赔偿责任作出妥善安排。

13.2.9　上市公司因本规则13.1.1条第（十）项情形其股票被暂停上市的，在暂停上市后六个月内其股权分布或者股东人数重新符合上市条件的，可以在事实发生后五个交易日内向本所提出恢复上市的书面申请。

13.2.10　上市公司因本规则13.1.1条第（十一）项情形股票被暂停上市的，在本所规定的期限内上述情形已消除的，可以在事实发生后五个交易日内向本所提出恢复上市的书面申请。

13.2.11　上市公司应当聘请保荐机构担任其恢复上市的保荐人。

保荐机构应当对公司恢复上市申请材料的真实性、准确性、完整性进行核查，就公司是否具备恢复上市条件出具恢复上市保荐书，并保证承担连带责任。

上市公司因本规则13.2.7条所述情形申请恢复上市的，不适用本条前两款的规定。公司应当聘请律师就导致公司股票暂停上市的情形是否完全消除出具专门意见，并对公司是否还存在触及本规则规定的除欺诈发行、重大信息披露违法情形外的暂停上市、终止上市情形等情况作出说明。

13.2.12　保荐机构在核查过程中，至少应当对下列情况予以充分关注和尽职核查，并出具核查报告：

（一）公司是否符合恢复上市的条件：包括导致暂停上市的情形是否消除等；

（二）公司治理及规范运作的情况：包括人员、资产、财务的独立性，关联交易的情况，以及与控制人之间的同业竞争关系等；

（三）公司财务风险的情况：包括公司的收入确认、非经常性损益确认是否合规，公司对涉及明显违反企业会计准则、制度及相关信息披露规范性规定的事项进行纠正和调整的情况等；

（四）公司或有风险的情况：包括资产出售、抵押、置换、委托经营、重大对外担保、重大诉讼、仲裁情况（适用本规则有关累计计算规定）等，以及上述事项对公司经营产生的不确定性影响等。

对于公司存在的各种不规范行为，恢复上市的保荐机构应当要求公司改正。公司不符合恢复上市条件的，保荐机构应当拒绝为其出具恢复上市保荐书。

13.2.13　保荐机构在对依据本规则13.2.2条、13.2.3条、13.2.4条或者13.2.5条规定申请恢复上市的公司进行尽职核查时，除前条要求外，还应当关注下列情况，并在核查报告中作出说明：

（一）公司财务会计政策是否稳健，公司内部控制制度是否建立健全和有效；

（二）注册会计师是否认为公司内部控制制度存在较大缺陷，公司是否已根据注册会计师的意见进行了整改（如适用）；

（三）公司是否已按有关规定改正其财务会计报告（如适用）。

13.2.14　保荐机构在对依据本规则13.2.6条、13.2.9条或者13.2.10条规定申请恢复上市的公司进行尽职核查时，应当对导致公司被暂停上市的情形是否已完全消除等情况予以充分关注，并在核查报告中作出说明。

13.2.15　保荐人在对因本规则13.2.8条所述情形申请恢复上市的公司进行尽职核查时，应当对下列事项予以充分关注，并在核查报告中进行逐项说明：

（一）公司重大信息披露违法行为影响是否已消除、风险是否已控制；

（二）公司是否具备可持续的盈利能力；

（三）公司治理结构和内部控制制度是否健全，运作是否规范；

（四）公司是否符合13.2.8条的规定要求、是否具备申请恢复上市的条件。

13.2.16　保荐机构出具的恢复上市保荐书应当包括下列内容：

（一）公司的基本情况；

（二）公司存在的主要风险，以及原有风险是否已经消除的说明；

（三）对公司前景的评价；

（四）核查报告的具体内容；

（五）公司是否完全符合恢复上市条件及其依据的说明；

（六）无保留且表述明确的保荐意见及其理由；

（七）关于暂停上市期间公司主营业务未发生重大变化的说明；

（八）关于保荐机构和相关保荐代表人具备相应保荐资格以及保荐机构内部审核程序的说明；

（九）保荐机构是否存在可能影响其公正履行保荐职责情形的说明；

（十）保荐机构比照有关规定所作出的承诺事项；

（十一）对公司持续督导期间的工作安排；

（十二）保荐机构和相关保荐代表人的联系地址、电话和其他通讯方式；

（十三）保荐机构认为应当说明的其他事项；

（十四）本所要求的其他内容。

恢复上市保荐书应当由保荐机构法定代表人（或者授权代表）和相关保荐代表人签字，注明签署日期并加盖保荐机构公章。

13.2.17　申请股票恢复上市的公司应当聘请律师对其恢复上市申请的合法、合规性进行充分的核查验证，对有关申请材料进行审慎审阅，并出具法律意见书。律师及其所在的律师事务所应当对恢复上市申请材料的真实性、准确性、完整性承担相应的法律责任。

13.2.18　前条所述法律意见书应当对下列事项明确发表结论性意见：

（一）公司的主体资格；

（二）公司是否完全符合恢复上市的实质条件；

（三）公司的业务及发展目标；

（四）公司治理和规范运作情况；

（五）关联交易和同业竞争；

（六）公司的主要财产；

（七）重大债权、债务；

（八）重大资产变化及收购兼并情况；

（九）公司纳税情况；

（十）重大诉讼、仲裁；

（十一）公司受到的行政处罚；

（十二）律师认为需要说明的其他问题。

律师就上述事项所发表的结论性意见应当包括是否合法合规、是否真实有效，是否存在纠纷或者潜在风险等。

律师为适用本规则 13.2.8 条的公司申请恢复上市出具意见的，除应当按照本条前两款的规定要求发表意见外，还应当对公司是否符合本规则 13.2.8 条要求的条件进行逐项核查，并在法律意见书中作出说明。

13.2.19　暂停上市公司提出恢复上市申请时，应当向本所提交下列文件：

（一）恢复上市申请书；

（二）董事会关于符合恢复上市条件，同意申请恢复上市的决议；

（三）董事会关于暂停上市期间公司为恢复上市所做主要工作的报告；

（四）董事会关于公司已全面纠正违法行为、及时撤换有关责任人员、对民事赔偿责任承担作出妥善安排等情况的具体说明（如适用）；

（五）管理层从公司主营业务、经营活动、财务状况、或有事项、期后事项和其他重大事项等角度对公司实现盈利的情况、经营能力和盈利能力的持续性和稳定性作出的分析报告；

（六）董事会关于公司治理和规范运作情况的说明；

（七）关于公司最近一个年度的重大关联交易说明：包括关联交易的内部决策程序、合同及有关记录、实施结果及相关证明文件等；

（八）关于公司最近一个年度的纳税情况说明；

（九）年度报告或者半年度报告及其审计报告原件；

（十）保荐机构出具的恢复上市保荐书以及保荐协议（如适用）；

（十一）法律意见书；

（十二）董事会对非标准无保留审计意见的说明（如适用）；

（十三）会计师事务所和注册会计师对非标准无保留审计意见的说明（如适用）；

（十四）董事会关于暂停上市期间公司主营业务未发生重大变化的说明；

（十五）本所要求的其他有关材料。

因本规则 13.2.7 条所述情形申请恢复上市的上市公司，

不适用前款规定，公司应当向本所提交下列文件：

（一）恢复上市申请书；

（二）董事会关于符合恢复上市条件，同意申请恢复上市的决议；

（三）法律意见书；

（四）中国证监会、公安机关、人民检察院或人民法院相关决定或裁判文书；

（五）本所要求的其他有关材料。

公司应当在向本所提出恢复上市申请后次一交易日发布相关公告。

13.2.20　本所在收到暂停上市公司提交的恢复上市申请文件后五个交易日内作出是否受理的决定并通知公司。

公司未能按照本规则 13.2.19 的要求提供申请文件的，本所不受理其股票恢复上市申请。

公司应当在收到本所是否受理其申请的决定后及时披露决定的有关情况，并披露可能终止上市的风险提示公告。

13.2.21　本所上市委员会对暂停上市公司恢复上市的申请进行审议，作出独立的专业判断并形成审核意见，本所依据上市委员会意见作出是否同意公司股票恢复上市申请的决定。

13.2.22　本所将在受理暂停上市公司恢复上市申请后的三十个交易日内，作出是否同意其股票恢复上市申请的决定。

本所要求公司提供补充材料的，公司应当自本所要求补充材料之日起三十个交易日内提供有关材料。公司补充材料期间不计入本所作出有关决定的期限。

因本规则 13.2.7 条所述情形申请恢复上市的上市公司，本所将在收到公司股票恢复上市申请后的十五个交易日内，作出是否同意其股票恢复上市申请的决定。在此期间，本所要求公司提供补充材料的，公司应当在本所规定期限内提供有关材料。公司提供补充材料的期限累计不得超过五个交易日。公司补充材料期间不计入本所作出有关决定的期限内。

补充材料期限届满后，本所将不再接受新增材料。

13.2.23　本所受理暂停上市公司恢复上市申请后，可以聘请具有从事证券、期货相关业务资格的会计师事务所就公司财务会计报告盈利的真实性进行调查核实。

本所聘请会计师事务所进行调查核实期间不计入本规则13.2.22规定的本所作出有关决定的期限。

13.2.24　本所在作出同意暂停上市公司股票恢复上市决定后两个交易日内通知公司，并报告中国证监会。

13.2.25　经本所同意恢复上市的，上市公司应当在收到有关决定后及时披露股票恢复上市公告。股票恢复上市公告应当包括下列内容：

（一）恢复上市股票的种类、简称、证券代码；

（二）有关股票恢复上市决定的主要内容；

（三）董事会关于恢复上市措施的具体说明；

（四）相关风险因素分析；

（五）本所要求的其他内容。

13.2.26　上市公司披露股票恢复上市公告五个交易日后，其股票恢复上市。

13.2.27　因本规则13.1.14条各项情形可转换公司债券被暂停上市的，在暂停上市期间，上市公司符合下列条件的，可以向本所提出恢复其可转换公司债券上市的书面申请：

（一）因13.1.14条第（一）项、第（四）项所列情形之一可转换公司债券被暂停上市，经查实后果不严重的；

（二）因13.1.14条第（二）项所列情形可转换公司债券被暂停上市，在六个月内该情形消除的；

（三）因13.1.14条第（三）项情形可转换公司债券被暂停上市，在两个月内该情形消除的；

（四）因13.1.14条第（五）项所列情形可转换公司债券

被暂停上市，在法定披露期限内披露经审计的暂停上市后首个年度报告，且经审计的年度财务会计报告显示公司净利润（以公司扣除非经常性损益前后的净利润孰低者为计算依据）为正的。

13.2.28　可转换公司债券恢复上市事宜参照本节股票恢复上市的有关规定办理。

第三节　主动终止上市

13.3.1　上市公司出现下列情形之一的，可以向本所申请终止其股票上市交易：

（一）上市公司股东大会决议主动撤回其股票在本所上市交易，并决定不再在证券交易所交易；

（二）上市公司股东大会决议主动撤回其股票在本所上市交易，并转而申请在其他交易场所交易或转让；

（三）上市公司股东大会决议解散；

（四）上市公司因新设合并或者吸收合并，不再具有独立主体资格并被注销；

（五）上市公司以终止公司股票上市为目的，向公司所有股东发出回购全部股份或者部分股份的要约，导致公司股本总额、股权分布等发生变化不再具备上市条件；

（六）上市公司股东以终止公司股票上市为目的，向公司所有其他股东发出收购全部股份或者部分股份的要约，导致公司股本总额、股权分布等发生变化不再具备上市条件；

（七）上市公司股东以外的其他收购人以终止公司股票上市为目的，向公司所有股东发出收购全部股份或者部分股份的要约，导致公司股本总额、股权分布等发生变化不再具备上市条件；

（八）中国证监会或本所认可的其他主动终止上市情形。

13.3.2　上市公司出现本规则 13.3.1 条第（一）项、第

（二）项规定情形的，应当经出席股东大会的股东所持表决权的三分之二以上，且经出席会议的除以下股东以外的其他股东所持表决权的三分之二以上通过：

（一）上市公司的董事、监事、高级管理人员；

（二）单独或者合计持有上市公司5%以上股份的股东。

13.3.3　上市公司因本规则13.3.1条第（一）项、第（二）项规定情形召开公司股东大会的，应当及时向本所提交下列文件并公告：

（一）董事会关于申请主动终止上市的决议；

（二）召开股东大会通知；

（三）主动终止上市预案；

（四）独立董事意见；

（五）财务顾问报告；

（六）本所要求的其他文件。

前款第（三）项所称“主动终止上市预案”，应当包括但不限于：公司终止上市原因、终止上市方式、终止上市后经营发展计划、股份转让安排、异议股东保护措施，以及公司董事会关于主动终止上市对公司长远发展和全体股东利益的影响分析等相关内容。

独立董事应当就主动终止上市事项是否有利于公司长远发展和全体股东利益，向除上市公司的董事、监事、高级管理人员、单独或者合计持有上市公司5%以上股份的股东以外的其他股东征询意见，并在此基础上发表意见。

公司应当申请其股票及其衍生品种自股东大会股权登记日的次一交易日起停牌，并在股东大会审议通过主动终止上市决议后及时披露决议情况。公司可以在股东大会决议后的十五个交易日内向本所提交主动终止上市的书面申请。

公司主动终止上市决议未获股东大会审议通过的，应当及时向本所申请其股票及其衍生品种自公司股东大会决议公告当日起复牌。

13.3.4　上市公司因本规则 13.3.1 条第（三）项规定情形召开公司股东大会的，应当及时向本所提交下列文件并公告：

（一）董事会决议；

（二）召开股东大会通知；

（三）董事会关于解散原因、解散安排及异议股东保护措施等情况的说明；

（四）法律、行政法规、部门规章、规范性文件、本所及公司章程要求的其他文件。

公司应当及时对外披露股东大会审议情况。如股东大会审议通过上述议案的，公司应当立即向本所报告，并根据有关规定申请办理其股票及其衍生品种停复牌事宜。

13.3.5　上市公司因本规则 13.3.1 条第（四）项规定情形召开公司股东大会的，应当及时向本所提交下列文件并公告：

（一）董事会决议；

（二）召开股东大会通知；

（三）公司合并预案（须包括异议股东保护措施）；

（四）独立董事意见；

（五）财务顾问报告；

（六）法律意见书；

（七）法律、行政法规、部门规章、规范性文件、本所及公司章程要求的其他文件。

公司应当及时对外披露股东大会审议情况。如股东大会审议通过上述议案的，公司应当立即向本所报告，并根据有关规定申请办理其股票及其衍生品种停复牌事宜。

13.3.6　上市公司因本规则 13.3.1 条第（五）项规定情形召开公司股东大会的，应当及时向本所提交下列文件并公告：

（一）董事会决议；

（二）召开股东大会通知；

（三）回购报告书或预案（须包括异议股东保护措施、终止上市后续安排）；

（四）独立董事意见；

（五）财务顾问报告；

（六）法律、行政法规、部门规章、规范性文件、本所要求的其他文件。

公司应当及时对外披露股东大会审议情况。如股东大会审议通过上述议案的，公司应当立即向本所报告，并根据有关规定申请办理其股票及其衍生品种停复牌事宜。

13.3.7　上市公司出现本规则13.3.1条第（六）项、第（七）项规定情形的，其股票及其衍生品种自公司披露收购结果公告或者其他相关股权变动公告之日起停牌。

13.3.8　上市公司因自愿解散、公司合并、回购股份及要约收购等情形依据本规则13.3.1条第（三）项至第（七）项的规定申请其股票终止上市的，应当同时遵守《公司法》、《证券法》、中国证监会、本所及公司章程关于上市公司解散、重组、回购、收购等相关规定的要求，履行相应审议程序和披露义务，安排公司股票及其衍生品种的停牌与复牌，及时向本所提交主动终止上市的申请。

13.3.9　上市公司依据本规则13.3.1条的规定向本所申请其股票终止上市的，应当向本所提交下列文件：

（一）终止上市申请书；

（二）股东大会决议（如适用）；

（三）相关终止上市方案；

（四）财务顾问报告；

（五）法律意见书；

（六）本所要求的其他文件。

13.3.10　本所将在收到上市公司提交的终止上市申请文件后五个交易日内作出是否受理的决定并通知公司。公司未能按照本节要求提供申请文件的，其股票终止上市申请本所不予受理。

公司应当在收到本所关于是否受理其终止上市申请的决定后，及时披露决定的有关情况并提示其股票可能终止上市的风险。

13.3.11　本所上市委员会对公司股票终止上市的申请进行审议，作出独立的专业判断并形成审核意见。

上市公司依据本规则 13.3.1 条第（一）项、第（二）项的规定申请其股票终止上市的，本所将在受理公司申请后的十五个交易日内，依据上市委员会意见作出是否同意公司股票终止上市申请的决定。

上市公司因自愿解散、公司合并、回购股份、要约收购等情形依据本规则 13.3.1 条第（三）项至第（七）项的规定申请其股票终止上市的，除另有规定外，本所将在上市公司披露解散决议公告、合并交易完成公告、回购或者收购结果公告后的十五个交易日内，依据上市委员会意见作出是否同意公司股票终止上市申请的决定。

13.3.12　在本所受理公司申请至作出决定期间，本所要求公司提供补充材料的，公司应当在本所规定期限内提供有关材料。公司提供补充材料的期限累计不得超过三十个交易日。公司补充材料期间不计入本所作出有关决定的期限内。

公司未能在本所规定的期限内提供补充材料的，本所将在规定的期限届满后作出是否同意公司股票终止上市申请的决定。

13.3.13　本所在作出同意公司股票终止上市决定后两个交易日内通知公司，并于两个交易日内发布相关公告，同时报中国证监会备案。

13.3.14　因本规则13.3.1条规定情形其股票被终止上市且法人主体资格将存续的公司，应当对公司股票终止上市后转让或交易、异议股东保护措施作出具体安排，保护中小投资者的合法权益。

13.3.15　上市公司应当在收到本所关于终止其股票上市决定后及时披露股票终止上市公告。

股票终止上市公告应当包括以下内容：

（一）终止上市股票的种类、简称、证券代码以及终止上市的日期；

（二）终止上市决定的主要内容；

（三）公司股票终止上市后相关安排、异议股东保护措施落实情况等；

（四）终止上市后其股票登记、转让、管理事宜（如适用）；

（五）终止上市后公司的联系人、联系地址、电话和其他通讯方式；

（六）中国证监会和本所要求的其他内容。

第四节　强制终止上市

13.4.1　上市公司出现下列情形之一的，本所有权决定终止其股票上市交易：

（一）因本规则13.1.1条第（一）项至第（四）项情形其股票被暂停上市后，未能在法定披露期限内披露暂停上市后首个年度报告。

（二）因本规则13.1.1条第（一）项、第（二）项情形其股票被暂停上市后，在法定披露期限内披露的暂停上市后首个年度报告显示公司净利润为负（以公司扣除非经常性损益前后的净利润孰低者为计算依据）。

（三）因本规则 13.1.1 条第（一）项至第（四）项情形其股票被暂停上市后，在法定披露期限内披露了暂停上市后相关定期报告，但未能在其后五个交易日内提出恢复上市申请。

（四）因本规则 13.1.1 条第（三）项、第（四）项情形其股票被暂停上市后，在法定披露期限内披露的暂停上市后首个年度报告显示公司年末净资产仍为负；或者因财务会计报告存在重要的前期差错或者虚假记载，对以前年度财务会计报告进行追溯调整，导致最近两年年末净资产为负。

（五）因本规则 13.1.1 条第（五）项情形其股票被暂停上市后，未能在法定披露期限内披露暂停上市后首个半年度报告。

（六）因本规则 13.1.1 条第（五）项情形其股票被暂停上市后，披露的暂停上市后首个半年度财务会计报告被注册会计师出具否定或者无法表示意见的审计报告。

（七）因本规则 13.1.1 条第（五）项情形其股票被暂停上市后，披露的暂停上市后首个半年度报告显示该项情形已消除，但未能在其后五个交易日内提出恢复上市申请。

（八）因本规则 13.1.1 条第（六）项情形其股票被暂停上市后，在两个月内仍未能披露经改正的有关财务会计报告。

（九）因本规则 13.1.1 条第（六）项情形其股票被暂停上市后的两个月内披露了经改正的有关财务会计报告，但未能在其后的五个交易日内提出恢复上市申请。

（十）因本规则 13.1.1 条第（七）项情形其股票被暂停上市后，在一个月内仍未能披露相关年度报告或者半年度报告。

（十一）因本规则 13.1.1 条第（七）项情形其股票被暂停上市后的一个月内披露了相关年度报告或者半年度报告，但未能在其后的五个交易日内提出恢复上市申请。

（十二）因本规则 13.1.1 条第（八）项、第（九）项情形其股票被暂停上市后，在中国证监会做出行政处罚决定、移送决定之日起的十二个月内被法院作出有罪判决或者在前述规定期限内未满足恢复上市条件。

（十三）因本规则 13.1.1 条第（八）项、第（九）项情形其股票被暂停上市后，符合本规则规定的恢复上市申请条件但未在规定期限内向本所提出恢复上市申请。

（十四）因本规则 12.11 条或者 12.12 条所述情形，公司股权分布或者股东人数不具备上市条件，公司未在本所规定的期限内提交股权分布或者股东人数问题的解决方案；或者因本规则 13.1.1 条第（十）项情形其股票被暂停上市后，在其后的六个月内公司股权分布或者股东人数仍不具备上市条件，或虽已具备上市条件但未在规定期限内向本所提出恢复上市申请。

（十五）因本规则 13.1.1 条第（十一）项情形公司股票被暂停上市后，在本所规定的期限内仍未消除相关情形，或虽已消除相关情形但未在规定期限内向本所提出恢复上市申请。

（十六）恢复上市申请未被受理。

（十七）恢复上市申请未被审核同意。

（十八）公司最近三十六个月内累计受到本所三次公开谴责。

（十九）公司股票连续一百二十个交易日通过本所交易系统实现的累计成交量低于一百万股（因本所对新股交易采取特别交易或者停牌制度所导致的除外）。

（二十）公司股票连续二十个交易日每日收盘价均低于每股面值。

（二十一）公司被依法强制解散。

（二十二）法院宣告公司破产。

（二十三）本所规定的其他情形。

上市公司依据本规则 13.3.1 条申请其股票主动终止上市

出现前款相关情形的，不适用本节的规定。

13.4.2 上市公司可能出现终止上市风险的，应当在以下时点首次发布公司股票可能被终止上市的风险提示公告，之后每五个交易日发布一次，直至终止上市风险消除或者本所作出公司股票终止上市的决定：

（一）出现本规则 13.4.1 条第（二）项、第（四）项、第（六）项情形的，应当自披露相关定期报告时；

（二）因财务会计报告存在重要的前期差错或者虚假记载，对以前年度财务会计报告进行追溯调整，导致最近两年净资产为负的，在知悉追溯调整导致最近两年净资产为负时；

（三）最近三十六个月内受到本所公开谴责两次，第二次被公开谴责时；

（四）知悉出现《公司法》第一百八十条规定的导致解散的情形时；

（五）收到法院受理公司重整、和解或者破产清算申请的裁定文件时；

（六）出现本规则 13.4.1 条第（十六）项或者第（十七）项情形时；

（七）预计出现本规则 13.4.1 条所述情形之一时；

（八）本所认定的其他时点。

本所可以视情况调整公司股票可能被终止上市的风险提示公告的披露次数。

13.4.3 上市公司出现股票连续九十个交易日通过本所交易系统实现的累计成交量低于七十五万股的，在次一交易日发布公司股票可能被终止上市的风险提示公告，其后每个交易日披露一次，直至自上述起算时点起连续一百二十个交易日内通过本所交易系统实现的累计成交量高于一百万股或者本所作出公司股票终止上市的决定。

13.4.4 上市公司股票出现连续十个交易日每日收盘价低

于每股面值的，在次一交易日发布公司股票可能被终止上市的风险提示公告，其后每个交易日披露一次，直至收盘价低于每股面值情形消除或本所作出公司股票终止上市的决定。

13.4.5 上市公司发布公司股票可能被终止上市的风险提示公告，应当包括下列内容：

（一）公司股票可能被终止上市的情形；

（二）公司股票可能被终止上市的风险提示，包括但不限于可能被终止上市的时间、影响因素等；

（三）董事会关于消除终止上市风险的意见及已经和将要采取的具体措施；

（四）公司接受投资者咨询的主要方式；

（五）本所要求的其他内容。

13.4.6 上市公司出现本规则13.4.1条第（十七）项情形的，本所在不予同意恢复上市的同时作出终止上市决定。出现该条其他情形的，由本所上市委员会对公司股票终止上市事宜进行审议，作出独立的专业判断并形成审核意见。

13.4.7 本所依据上市委员会的审核意见，作出公司股票是否终止上市的决定。

13.4.8 上市公司出现本规则13.4.1条第（一）项、第（五）项、第（八）项、第（十）项情形的，本所自法定披露期限结束或者本所限定的披露期限届满后十五个交易日内作出公司股票是否终止上市的决定。

13.4.9 上市公司出现本规则13.4.1条第（二）项、第（四）项、第（六）项情形的，本所自公司披露相关定期报告或者经追溯调整的财务会计报告和审计报告后十五个交易日内作出公司股票是否终止上市的决定。

13.4.10 上市公司出现本规则13.4.1条第（三）项、第（七）项、第（九）项、第（十一）项情形的，本所在规定期限届满后十五个交易日内作出公司股票是否终止上市的决定。

13.4.11　上市公司出现本规则13.4.1条第（十二）项规定情形的，本所在中国证监会作出行政处罚决定、移送决定之日起十二个月期限届满前的十五个交易日内，作出公司股票是否终止上市的决定。

人民法院在前款规定期限之前已作出有罪判决的，本所自收到相关判决文件之日起的十五个交易日内，作出公司股票是否终止上市的决定。

13.4.12　上市公司出现本规则13.4.1条第（十三）项规定情形的，本所在规定的恢复上市申请期限届满后的十五个交易日内作出公司股票是否终止上市的决定。

13.4.13　上市公司出现本规则13.4.1条第（十四）项情形的，本所在公司应当提交股权分布或者股东人数问题的解决方案期限届满后十五个交易日内或者在暂停上市六个月期限届满后十五个交易日内作出公司股票是否终止上市的决定。

13.4.14　上市公司出现本规则13.4.1条第（十五）项情形的，本所在规定期限届满后十五个交易日内作出公司股票是否终止上市的决定。

13.4.15　上市公司出现本规则13.4.1条第（十六）项情形的，本所在作出不予受理的决定之日起十五个交易日内作出公司股票是否终止上市的决定。

13.4.16　上市公司出现本规则13.4.1条第（十八）项至第（二十）项情形的，应当在事实发生次一交易日披露。公司股票及其衍生品种自公告之日起停牌，本所自公司股票停牌起十五个交易日内作出公司股票是否终止上市的决定。

13.4.17　上市公司出现本规则13.4.1条第（二十一）项情形的，应当于公司知悉解散条件成立时，立即向本所报告并于次日公告，公司股票及其衍生品种于本所知悉该情形之日起停牌。

本所在公司发布公告后十五个交易日内作出公司股票是否终止上市的决定。

13.4.18　上市公司出现本规则13.4.1条第（二十二）项情形的，应当在收到法院宣告公司破产裁定书的当日向本所报告并于次日公告。

本所在公司发布公告后十五个交易日内作出公司股票是否终止上市的决定。

13.4.19　本所在作出是否终止股票上市决定前，可以聘请具有从事证券、期货相关业务资格的会计师事务所就上市公司盈利的真实性等情况进行调查核实，并将核查结果提交上市委员会审议。调查核实期间不计入本所作出有关终止上市决定的期限。

本所为作出是否终止公司股票上市的决定，可以要求公司提供补充材料，公司应当自本所要求补充材料之日起三十个交易日内提供有关材料。公司补充材料期间不计入本所作出有关决定的期限。

补充材料期限届满后，本所将不再接受新增材料。

13.4.20　本所在作出上市公司股票终止上市决定后两个交易日内通知公司，并于两个交易日内发布相关公告，同时报中国证监会备案。

13.4.21　上市公司在股票被终止上市前，应当与具有全国中小企业股份转让系统（以下简称“股份转让系统”）主办券商业务资格的证券公司签订协议，聘请该机构在公司股票被终止上市后为公司提供股份转让系统挂牌转让服务，并授权其办理证券交易所市场登记结算系统的股份退出登记，办理股份重新确认及股份转让系统的股份登记结算等事宜。

截至本所作出终止上市决定时，公司仍未聘请主办券商的，本所在作出公司股票终止上市决定的同时为其指定临时主办券商，并通知公司和主办券商。公司应当在两个交易日内就上述事项发布相关公告（公司破产、解散或者被依法责令关闭的除外）。

13.4.22 上市公司应当在收到本所关于终止其股票上市决定后及时披露股票终止上市公告。

股票终止上市公告应当包括下列内容：

（一）终止上市股票的种类、简称、证券代码以及终止上市的日期；

（二）终止上市决定的主要内容；

（三）退市整理期的相关安排；

（四）终止上市后其股票登记、转让、管理事宜；

（五）终止上市后公司的联系人、联系地址、电话和其他通讯方式；

（六）本所要求的其他内容。

13.4.23 上市公司因出现本规则 13.4.1 条规定情形被本所作出终止其股票上市决定且未提出复核申请的，自本所作出上市公司股票终止上市的决定后十五个交易日届满的次一交易日起，公司股票交易进入退市整理期。

公司因出现本规则 13.4.1 条规定情形被本所作出终止其股票上市决定，公司提出复核申请且上诉复核委员会作出维持终止上市决定的，自上诉复核委员会作出该决定后的次一交易日起，公司股票交易进入退市整理期。

退市整理期交易期限为三十个交易日。

13.4.24 退市整理期间，上市公司股票进入退市整理板交易，并不再在创业板行情中揭示。

退市整理期间，公司股票价格的日涨跌幅限制为 10%。

13.4.25 退市整理期间，上市公司应当在整理期的前二十五个交易日内每五个交易日发布一次股票将被终止上市的风险提示公告，在最后的五个交易日内每日发布一次股票将被终止上市的风险提示公告。

13.4.26　退市整理期届满的次一交易日，本所对公司股票予以摘牌，上市公司股票终止上市。

13.4.27　上市公司应当在股票终止上市后及时做好相关工作，以确保公司股份在本所退市整理期届满后四十五个交易日内可以进入股份转让系统挂牌转让。

13.4.28　上市公司出现下列情形之一的，本所终止其可转换公司债券上市：

（一）因本规则13.1.14条第（一）项、第（四）项所列情形之一可转换公司债券被暂停上市后，经查实后果严重的；

（二）因本规则13.1.14条第（二）项所列情形可转换公司债券被暂停上市后，在六个月内该情形未能消除的；

（三）因本规则13.1.14条第（三）项所列情形可转换公司债券被暂停上市后，在两个月内该情形未能消除的；

（四）因本规则13.1.14条第（五）项情形，公司未能在法定披露期限内披露暂停上市后首个年度报告，或者在法定披露期限内披露暂停上市后首个年度报告显示公司出现亏损，或者未能在披露暂停上市后首个年度报告后五个交易日内提出恢复上市申请的；

（五）因本规则13.3.1、13.4.1条规定公司股票被本所终止上市的。

13.4.29　因本规则13.4.1条第（十二）项规定情形其股票被本所终止上市后，出现下列情形之一的，本所将在收到中国证监会、公安机关、人民检察院或人民法院相关决定或裁判文书之日起的五个交易日内，作出撤销原终止其股票上市的决定：

（一）中国证监会行政处罚决定被依法撤销，且中国证监会不能以欺诈发行、重大信息披露违法为由重新对公司作出行政处罚决定，或者因对违规行为性质的认定发生根本性变化，被依法变更的；

（二）公安机关决定不予立案或者撤销案件，人民检察院作出不起诉决定，人民法院作出无罪判决或者免于刑事处罚，且中国证监会不能以欺诈发行、重大信息披露违法为由依法对公司作出行政处罚决定。

13.4.30　符合本规则13.4.29条规定情形的公司，可以向本所提出恢复其股票正常交易的申请。公司应当提交下列申请文件：

（一）公司关于恢复其股票正常交易的申请书；

（二）公司董事会关于申请恢复其股票正常交易的决议；

（三）公司股东大会关于申请恢复其股票正常交易的决议；

（四）中国证监会关于依法撤销对公司的行政处罚决定书或依法变更行政处罚决定的文件，或者公安机关、人民检察院或人民法院的相关决定或裁判文书；

（五）法律意见书；

（六）公司最近一年又一期经审计财务报告；

（七）公司前十大股东名册和公司持股5%以上股东的营业执照或有关身份证明文件；

（八）公司全部股份在结算公司深圳分公司托管的证明文件；

（九）公司董事、监事及高级管理人员持有本公司股份情况说明；

（十）本所要求的其他材料。

本所将在收到公司提交申请文件后的五个交易日内，作出是否受理的决定并通知公司。公司应当及时对外发布相关公告。

13.4.31　符合本规则13.4.29条规定情形向本所提出申请的公司，如还存在触及本规则规定的除欺诈发行、重大信息披露违法情形外的暂停上市、终止上市情形的，应当同时适用本规则的相关规定。

本所上市委员会对公司股票恢复正常交易的申请，作出独立的专业判断并形成审核意见，本所依据上市委员会意见，在受理公司申请后的十五个交易日内，作出是否同意恢复公司股票正常交易的决定。

在此期间，本所要求公司提供补充材料的，公司应当在本所规定期限内提供有关材料。公司提供补充材料的期限累计不得超过五个交易日。公司补充材料期间不计入本所作出有关决定的期限内。

13.4.32　符合本规则13.4.29条规定情形向本所提出申请的公司，其董事、监事、高级管理人员、控股股东及其实际控制人所持股份在公司股票恢复正常交易时的流通或限售安排，应当按照法律、行政法规、部门规章、规范性文件及本所有关规定执行。

13.4.33　本所在作出恢复公司股票交易的决定后两个交易日内通知公司，并报告中国证监会。

公司应当在收到上述决定后及时公告，并按本所要求办理恢复股票交易的相关手续。

13.4.34　可转换公司债券终止上市事宜参照本节股票终止上市有关规定办理。

第十四章　申请复核

14.1　发行人或者上市公司（以下统称“申请人”）对本所作出的不予上市、暂停上市、终止上市决定不服的，可以在收到本所相关决定后的十五个交易日内向本所申请复核，并提交下列文件：

（一）复核申请书；

（二）律师就申请复核事项出具的法律意见书；

（三）保荐机构就申请复核事项出具的保荐意见书；

（四）本所要求的其他文件。

申请人应当在向本所提出复核申请后次一交易日发布相关公告。

14.2　本所在收到申请人提交的复核申请后五个交易日内作出是否受理的决定并通知申请人。

申请人未能按照本规则14.1条要求提交申请文件的，本所不受理其复核申请。

申请人应当在收到本所是否受理其申请的决定后及时披露决定的有关情况，并提示相关风险。

14.3　本所设立上诉复核委员会，对申请人的复核申请进行审议，作出独立的专业判断并形成审核意见。

14.4　本所在受理复核申请后三十个交易日内，依据上诉复核委员会的审核意见作出维持或者撤销不予上市、暂停上市、终止上市的决定。该决定为终局决定。

在此期间，本所要求申请人提供补充材料的，申请人应当在本所规定期限内提供有关材料。申请人提供补充材料期间不计入本所作出有关决定的期限。

第十五章　境内外上市事务

15.1　在本所上市的公司同时有证券在境外证券交易所上市的，应当保证境外证券交易所要求其披露的信息，同时在中国证监会指定媒体上按照本规则和本所其他相关规定的要求对外披露。

15.2　上市公司就同一事件履行报告和公告义务时，应当保证同时向本所和境外证券交易所报告、公告的内容一致。出现重大差异时，公司应当向本所说明，并按照本所要求披露更正或者补充公告。

15.3　本章未尽事宜，适用法律、行政法规、部门规章、规范性文件、本所其他相关规定以及本所与其他证券交易所签署的监管合作备忘录的规定。

第十六章　监管措施和违规处分

16.1　本所对本规则1.5条规定的监管对象实施监管，具体监管措施包括：

（一）要求作出解释和说明；

（二）要求中介机构或者要求聘请中介机构进行核查并发表意见；

（三）书面警示（发出各种通知和函件）；

（四）约见谈话；

（五）撤销任职资格证书；

（六）暂不受理有关当事人出具的文件；

（七）限制交易；

（八）上报中国证监会；

（九）其他监管措施。

本规则1.5条规定的监管对象应当积极配合本所的日常监管，在规定限期内回答本所问询，并按本所要求提交说明，或者披露相应的更正或者补充公告。

16.2　上市公司、相关信息披露义务人及其相关人员违反本规则、本所其他相关规定或者其所作出的承诺的，本所视情节轻重给予以下处分：

（一）通报批评；

（二）公开谴责。

16.3　上市公司董事、监事、高级管理人员违反本规则、本所其他相关规定或者其所作出的承诺的，本所视情节轻重给予以下处分：

（一）通报批评；

（二）公开谴责；

（三）公开认定其不适合担任上市公司董事、监事、高级管理人员。

以上（二）（三）项处分可以并处。

16.4　上市公司董事会秘书违反本规则、本所其他相关规定或者其所作出的承诺的，本所视情节轻重给予以下处分：

（一）通报批评；

（二）公开谴责；

（三）公开认定其不适合担任上市公司董事会秘书。

以上（二）（三）项处分可以并处。

16.5　保荐机构及其保荐代表人、证券服务机构及其相关人员违反本规则、本所其他相关规定或者其所作出的承诺的，本所视情节轻重给予以下处分：

（一）通报批评；

（二）公开谴责。

情节严重的，本所依法报中国证监会查处。

16.6　破产管理人或者管理人成员违反本规则或者本所其他相关规定的，本所视情节轻重给予以下处分：

（一）通报批评；

（二）公开谴责；

（三）建议法院更换管理人或者管理人成员。

16.7　本所设立纪律处分委员会对涉及本规则 1.5 条规定的监管对象的纪律处分事项进行审核，作出独立的专业判断并形成审核意见。

本所根据纪律处分委员会的审核意见，作出是否给予纪律处分的决定。

第十七章　释　　义

17.1　本规则下列用语具有如下含义：

（一）披露：指上市公司或者相关信息披露义务人按法律、行政法规、部门规章、规范性文件、本规则和本所其他相关规定在指定媒体上公告信息。

（二）重大事件：指对上市公司股票及其衍生品种交易价格可能产生较大影响的事项。

（三）及时：指自起算日起或者触及本规则披露时点的两个交易日内。

（四）高级管理人员：指公司经理、副经理、董事会秘书、财务负责人及公司章程规定的其他人员。

（五）控股股东：指其持有的股份占公司股本总额50%以上的股东；或者持有股份的比例虽然不足50%，但依其持有的股份所享有的表决权已足以对股东大会的决议产生重大影响的股东。

（六）实际控制人：指虽不是公司的控股股东，但通过投资关系、协议或者其他安排，能够实际支配公司行为的人。

（七）控制：指有权决定一个企业的财务和经营政策，并能据以从该企业的经营活动中获取利益。有下列情形之一的，为拥有上市公司控制权：

1. 为上市公司持股50%以上的控股股东；

2. 可以实际支配上市公司股份表决权超过30%；

3. 通过实际支配上市公司股份表决权能够决定公司董事会半数以上成员选任；

4. 依其可实际支配的上市公司股份表决权足以对公司股东大会的决议产生重大影响；

5. 中国证监会或者本所认定的其他情形。

（八）上市公司控股子公司：指上市公司持有其 50% 以上股份，或者能够决定其董事会半数以上成员组成，或者通过协议或者其他安排能够实际控制的公司。

（九）股权分布发生变化不具备上市条件：指社会公众持有的股份连续二十个交易日低于公司股份总数的 25%；公司股本总额超过四亿元的，社会公众持股的比例连续二十个交易日低于公司股份总数的 10%。

上述社会公众是指除了以下股东之外的上市公司其他股东：

1. 持有上市公司 10% 以上股份的股东及其一致行动人；

2. 上市公司的董事、监事、高级管理人员及其关系密切的家庭成员，上市公司董事、监事、高级管理人员直接或者间接控制的法人或者其他组织。

（十）股东人数发生变化不具备上市条件：指股东人数少于二百人。

（十一）公司承诺：指上市公司及其董事会在招股说明书、配股说明书、募集说明书、定期报告、临时报告、整改报告或者承诺函等文件中就重要事项向公众或者监管部门所作出的保证和提出的相关解决措施。

（十二）股东承诺：指上市公司股东在招股说明书、配股说明书、募集说明书、定期报告、临时报告、整改报告或者承诺函等文件中就重要事项向上市公司、公众或者监管部门所作出的保证和提出的相关解决措施。

（十三）净资产：指归属于公司普通股股东的期末净资产，不包括少数股东权益金额。

（十四）净利润：指归属于公司普通股股东的净利润，不包括少数股东损益金额。

（十五）每股收益：指根据中国证监会有关规定计算的基本每股收益。

（十六）净资产收益率：指根据中国证监会有关规定计算的净资产收益率。

（十七）证券服务机构：指为证券发行、上市、交易等证券业务活动制作、出具审计报告、资产评估报告、法律意见书、财务顾问报告、资信评级报告等文件的会计师事务所、资产评估机构、律师事务所、财务顾问机构、资信评级机构、投资咨询机构。

（十八）破产程序：指《企业破产法》所规范的重整、和解或者破产清算程序。

（十九）管理人管理模式：指经法院裁定由管理人负责管理上市公司财产和营业事务的运作模式。

（二十）管理人监督模式：指经法院裁定由公司在管理人的监督下自行管理财产和营业事务的运作模式。

（二十一）重整期间：指自法院裁定上市公司重整之日起至重整程序终止期间。

（二十二）欺诈发行：指公司因首次公开发行股票申请、披露文件存在虚假记载、误导性陈述或者重大遗漏，致使不符合发行条件的发行人骗取了发行核准，或者对新股发行定价产生了实质性影响，受到中国证监会行政处罚，或者因涉嫌欺诈发行罪被依法移送公安机关。

（二十三）重大信息披露违法：指上市公司因信息披露文件存在虚假记载、误导性陈述或者重大遗漏，受到中国证监会行政处罚，并且因违法行为性质恶劣、情节严重、市场影响重大，在行政处罚决定书中被认定构成重大违法行为，或者因涉嫌违规披露、不披露重要信息罪被依法移送公安机关。

（二十四）全面纠正违法行为，指包括但不限于：公司就重大信息披露违法行为所涉事项已进行补充披露或更正公告；公司就重大信息披露违法行为所涉事项已补充履行相关决策程序；公司因重大信息披露违法行为发生的损失已获得弥补；重大信息披露违法行为可能引发的与公司相关的风险因素已消除。

（二十五）撤换有关责任人员，指包括但不限于：已撤换被中国证监会依法移送公安机关立案调查的有关人员、被中国证监会行政处罚的有关人员、被人民法院判决有罪的有关人员，以及本所认定的对重大信息披露违法行为负有重要责任的其他人员。

（二十六）对民事赔偿责任作出妥善安排，指包括但不限于：人民法院作出判决的，该判决已执行完毕；已达成和解的，该和解协议已执行完毕；未达成和解的，已按预计最高索赔金额计提赔偿基金，并将足额资金划入基金专户存储；公司的控股股东及其实际控制人或第三方已承诺：将对赔偿基金不足或未予赔偿的部分代为赔付。

17.2　本规则未定义的用语的含义，依照国家有关法律、行政法规、部门规章、规范性文件及本所有关业务规则、细则、指引和通知确定。

17.3　本规则所称“以上”“以内”“以下”都含本数，“超过”“少于”“低于”不含本数。

17.4　本规则所称“元”如无特指，均指人民币元。

第十八章　附　　则

18.1　本规则经本所理事会会议审议通过并报中国证监会批准后生效，修改时亦同。

18.2　本规则由本所负责解释。

18.3　本规则自 2018 年 4 月 20 日起施行。

18.4　经有关主管机关的批准，本所可以对股票被暂停上市的上市公司实行差异化的上市费标准。

附件一：董事声明及承诺书

附件二：监事声明及承诺书

附件三：高级管理人员声明及承诺书

附件四：控股股东、实际控制人声明及承诺书（法人及其他组织版本）

附件五：控股股东、实际控制人声明及承诺书（自然人版本）

附件一：

董事声明及承诺书

第一部分　声　明

一、基本情况

1. 上市公司全称：________________

2. 上市公司股票简称：________股票代码：________

3. 本人姓名：________________

4. 别名：________________

5. 曾用名：________________

6. 出生日期：________________

7. 住址：________________

8. 国籍：________________

9. 拥有哪些国家或者地区的长期居留权（如适用）：____

10. 专业资格（如适用）：________________

11. 身份证号码：________________

12. 护照号码（如适用）：________________

13. 近亲属的姓名、身份证号码：

配偶：________________

父母：________________

子女：________________

兄弟姐妹：________________

14. 最近五年工作经历：________________

____

二、是否有配偶、父母、子女及其配偶、兄弟姐妹及其配偶担任本公司董事、监事或者高级管理人员？

是□　　　　　　　　否□

如是，请详细说明。

三、是否在其他公司任职？

是□　　　　　　　　否□

如是，请填报各公司的名称、注册资本、经营范围以及本人在该公司任职的情况。

四、是否存在下列情形：

（一）无民事行为能力或者限制民事行为能力；

是□　　　　　　　　否□

（二）因贪污、贿赂、侵占财产、挪用财产或者破坏社会主义市场经济秩序，被判处刑罚，执行期满未逾五年，或者因犯罪被剥夺政治权利，执行期满未逾五年；

是□　　　　　　　　否□

如是，请详细说明。

（三）担任破产清算的公司、企业的董事或者厂长、经理，对该公司、企业的破产负有个人责任，自该公司、企业破产清算完结之日起未逾三年；

是□　　　　　　　　否□

如是，请详细说明。

（四）担任因违法被吊销营业执照、责令关闭的公司、企业的法定代表人，并负有个人责任，自该公司、企业被吊销营业执照之日起未逾三年；

是□　　　　　　　　否□

如是，请详细说明。

（五）个人所负数额较大的债务到期未清偿。

是□　　　　　　　　　　否□

如是，请详细说明。

五、是否曾违反《证券法》等证券法律、行政法规受到行政处罚？

是□　　　　　　　　　　否□

如是，请详细说明。

六、是否曾违反其他法律、行政法规受到刑事处罚或者行政处罚？

是□　　　　　　　　　　否□

如是，请详细说明。

七、是否曾违反证券交易所业务规则或者其他相关规定受到证券交易所处分？

是□　　　　　　　　　　否□

如是，请详细说明。

八、是否因涉嫌违反证券法律、行政法规正受到中国证监会的调查？

是□　　　　　　　　　　否□

如是，请详细说明。

九、本人以及本人的配偶、父母、子女是否持有本公司股票及其衍生品种？

是□　　　　　　　　　　否□

如是，请详细说明。

十、在本公司及其控股子公司业务中，过去或者现在是否拥有除前项以外的任何其他利益？

是□　　　　　　　　　　否□

如是，请详细说明。

十一、是否参加过中国证监会或者深圳证券交易所组织或者认可的证券业务培训？

是□　　　　　　　　　　否□

如是，请详细说明。

十二、是否已明确知悉作为上市公司的董事，如果对下列问题负有直接责任的，将被追究刑事责任：

（一）公司向股东和社会公众提供虚假的或者隐瞒重大事实的财务会计报告，严重损害股东或者其他人利益，或者有其他严重情节的；

（二）公司对依法应当披露的其他重要信息不按照规定披露，严重损害股东或者其他人利益，或者有其他严重情节的。

是□　　　　　　　　否□

十三、是否已明确知悉作为上市公司的董事，如果违背对公司的忠实义务，利用职务便利，操纵上市公司从事下列行为之一，致使上市公司利益遭受重大或者特别重大损失的，将被追究刑事责任：

（一）无偿向其他单位或者个人提供资金、商品、服务或者其他资产的；

（二）以明显不公平的条件，提供或者接受资金、商品、服务或者其他资产的；

（三）向明显不具有清偿能力的单位或者个人提供资金、商品、服务或者其他资产的；

（四）向明显不具有清偿能力的单位或者个人提供担保，或者无正当理由为其他单位或者个人提供担保的；

（五）无正当理由放弃债权、承担债务的；

（六）采用其他方式损害上市公司利益的。

是□　　　　　　　　否□

十四、除上述问题所披露的信息外，是否有需要声明的其他事项，而不声明该等事项可能影响本人对上述问题回答的真实性、准确性或者完整性？

是□　　　　　　　　否□

如是，请详细说明。

本人＿＿＿＿＿＿（正楷体）郑重声明，上述回答是真实、准确和完整的，保证不存在任何虚假记载、误导性陈述或者遗漏。本人完全明白作出虚假声明可能导致的法律后果。深圳证券交易所可以依据上述回答所提供的资料，评估本人是否适宜担任上市公司的董事。

声 明 人：　　（签署）

日　　期：

此项声明于　　年　月　日在　　作出。

见证律师：

日　　期：

第二部分　承　诺

本人______________（正楷体）向深圳证券交易所承诺：

一、本人在履行上市公司董事的职责时，将遵守并促使本公司和本人的授权人遵守国家法律、行政法规和部门规章等有关规定，履行忠实、勤勉尽责的义务。

二、本人在履行上市公司董事的职责时，将遵守并促使本公司和本人的授权人遵守中国证监会发布的部门规章、规范性文件的有关规定。

三、本人在履行上市公司董事的职责时，将遵守并促使本公司和本人的授权人遵守《深圳证券交易所创业板股票上市规则》和深圳证券交易所其他相关规定。

四、本人在履行上市公司董事的职责时，将遵守并促使本公司和本人的授权人遵守《公司章程》。

五、本人接受深圳证券交易所的监管，包括及时、如实地答复深圳证券交易所向本人提出的任何问题，及时提供《深圳证券交易所创业板股票上市规则》等业务规则、细则、指引和通知规定应当报送的资料及要求提供的其他文件的正本或者副本，并出席本人被要求出席的会议。

六、本人授权深圳证券交易所将本人提供的承诺与声明的资料向中国证监会报告。

七、本人将按要求参加中国证监会和深圳证券交易所组织的专业培训。

八、本人如违反上述承诺，愿意承担由此引起的一切法律责任和接受深圳证券交易所的处分。

九、本人因履行上市公司董事的职责或者本承诺而与深圳证券交易所发生争议提起诉讼时，由深圳证券交易所住所地法院管辖。

承 诺 人：　　　（签署）

日　　期：

此项承诺于　　年　月　日在　　作出。

见证律师：

日　　期：

附件二：

监事声明及承诺书

第一部分　声　明

一、基本情况

1. 上市公司全称：______________________________

2. 上市公司股票简称：________股票代码：__________

3. 本人姓名：______________________________

4. 别名：______________________________

5. 曾用名：______________________________

6. 出生日期：______________________________

7. 住址：______________________________

8. 国籍：______________________________

9. 拥有哪些国家或者地区的长期居留权（如适用）：_____

10. 专业资格（如适用）：______________________________

11. 身份证号码：______________________________

12. 护照号码（如适用）：______________________________

13. 近亲属的姓名、身份证号码：

配偶：______________________________

父母：______________________________

子女：______________________________

兄弟姐妹：______________________________

14. 最近五年工作经历：______________________________

____

二、是否有配偶、父母、子女及其配偶、兄弟姐妹及其配偶担任本公司董事、监事或者高级管理人员？

是□　　　　　　　　否□

如是，请详细说明。

三、是否在其他公司任职？

是□　　　　　　　　否□

如是，请填报各公司的名称、注册资本、经营范围以及本人在该公司任职的情况。

四、是否存在下列情形：

（一）无民事行为能力或者限制民事行为能力；

是□　　　　　　　　否□

（二）因贪污、贿赂、侵占财产、挪用财产或者破坏社会主义市场经济秩序，被判处刑罚，执行期满未逾五年，或者因犯罪被剥夺政治权利，执行期满未逾五年；

是□　　　　　　　　否□

如是，请详细说明。

（三）担任破产清算的公司、企业的董事或者厂长、经理，对该公司、企业的破产负有个人责任，自该公司、企业破产清算完结之日起未逾三年；

是□　　　　　　　　否□

如是，请详细说明。

（四）担任因违法被吊销营业执照、责令关闭的公司、企业的法定代表人，并负有个人责任，自该公司、企业被吊销营业执照之日起未逾三年；

是□　　　　　　　　否□

如是，请详细说明。

（五）个人所负数额较大的债务到期未清偿。

是□　　　　　　　　否□

如是，请详细说明。

五、是否曾违反《证券法》等证券法律、行政法规受到行政处罚？

是□　　　　　　　　否□

如是，请详细说明。

六、是否曾违反其他法律、行政法规受到刑事处罚或者行政处罚？

是□　　　　　　　　否□

如是，请详细说明。

七、是否曾违反证券交易所业务规则或者其他相关规定受到证券交易所处分？

是□　　　　　　　　否□

如是，请详细说明。

八、是否因涉嫌违反证券法律、行政法规正受到中国证监会的调查？

是□　　　　　　　　否□

如是，请详细说明。

九、本人以及本人的配偶、父母、子女是否持有本公司股票及其衍生品种？

是□　　　　　　　　否□

如是，请详细说明。

十、在本公司及其控股子公司业务中，过去或者现在是否拥有除前项以外的任何其他利益？

是□　　　　　　　　否□

如是，请详细说明。

十一、是否参加过中国证监会或者深圳证券交易所组织或者认可的证券业务培训？

是□　　　　　　　　否□

如是，请详细说明。

十二、是否已明确知悉作为上市公司的监事，如果对下列问题负有直接责任的，将被追究刑事责任：

（一）公司向股东和社会公众提供虚假的或者隐瞒重大事实的财务会计报告，严重损害股东或者其他人利益，或者有其他严重情节的；

（二）公司对依法应当披露的其他重要信息不按照规定披露，严重损害股东或者其他人利益，或者有其他严重情节的。

是□　　　　　　　　否□

十三、是否已明确知悉作为上市公司的监事，如果违背对公司的忠实义务，利用职务便利，操纵上市公司从事下列行为之一，致使上市公司利益遭受重大或者特别重大损失的，将被追究刑事责任：

（一）无偿向其他单位或者个人提供资金、商品、服务或者其他资产的；

（二）以明显不公平的条件，提供或者接受资金、商品、服务或者其他资产的；

（三）向明显不具有清偿能力的单位或者个人提供资金、商品、服务或者其他资产的；

（四）向明显不具有清偿能力的单位或者个人提供担保，或者无正当理由为其他单位或者个人提供担保的；

（五）无正当理由放弃债权、承担债务的；

（六）采用其他方式损害上市公司利益的。

是□　　　　　　　　否□

十四、除上述问题所披露的信息外，是否有需要声明的其他事项，而不声明该等事项可能影响本人对上述问题回答的真实性、准确性或者完整性？

是□　　　　　　　　否□

如是，请详细说明。

本人______________（正楷体）郑重声明，上述回答是真实、准确和完整的，保证不存在任何虚假记载、误导性陈述或者遗漏。本人完全明白作出虚假声明可能导致的法律后果。深圳证券交易所可以依据上述回答所提供的资料，评估本人是否适宜担任上市公司的监事。

声 明 人：　　　（签署）

日　　期：

此项声明于　　年　月　日在　　作出。

见证律师：

日　　期：

第二部分　承　诺

本人＿＿＿＿＿＿＿＿（正楷体）向深圳证券交易所承诺：

一、本人在履行上市公司监事的职责时，将遵守并促使本公司及其董事和高级管理人员遵守国家法律、行政法规和部门规章等有关规定，履行忠实、勤勉义务。

二、本人在履行上市公司监事的职责时，将遵守并促使本公司及其董事和高级管理人员遵守中国证监会发布的部门规章、规范性文件的有关规定。

三、本人在履行上市公司监事的职责时，将遵守并促使本公司及其董事和高级管理人员遵守《深圳证券交易所创业板股票上市规则》和深圳证券交易所其他相关规定。

四、本人在履行上市公司监事的职责时，将遵守并促使本公司及其董事和高级管理人员遵守《公司章程》。

五、本人在履行上市公司监事的职责时，将监督本公司董事和高级管理人员认真履行职责并严格遵守在“董事（高级管理人员）声明及承诺书”中作出的承诺。

六、本人接受深圳证券交易所的监管，包括及时、如实地答复深圳证券交易所向本人提出的任何问题，及时提供并促使本公司董事和高级管理人员及时提供《深圳证券交易所创业板股票上市规则》等业务规则、细则、指引和通知规定应当报送的资料及要求提供的其他文件的正本或者副本，并出席本人被要求出席的会议。

七、本人授权深圳证券交易所将本人提供的承诺与声明的资料向中国证监会报告。

八、本人按要求参加中国证监会和深圳证券交易所组织的专业培训。

九、本人如违反上述承诺，愿意承担由此引起的一切法律责任和接受深圳证券交易所的处分。

十、本人因履行上市公司监事的职责或者本承诺而与深圳证券交易所发生争议提起诉讼时，由深圳证券交易所住所地法院管辖。

承 诺 人：　　（签署）
日　　期：
此项承诺于　　年　月　日在　　作出。
见证律师：
日　　期：

附件三：

高级管理人员声明及承诺书

第一部分　声　明

一、基本情况

1. 上市公司全称：______________________________

2. 上市公司股票简称：________股票代码：__________

3. 本人姓名：______________________________

4. 别名：______________________________

5. 曾用名：______________________________

6. 出生日期：______________________________

7. 住址：______________________________

8. 国籍：______________________________

9. 拥有哪些国家或者地区的长期居留权（如适用）：____

10. 专业资格（如适用）：______________________

11. 身份证号码：______________________________

12. 护照号码（如适用）：______________________

13. 近亲属的姓名、身份证号码：

配偶：______________________________

父母：______________________________

子女：______________________________

兄弟姐妹：______________________________

14. 最近五年工作经历：______________________

____

____

____

二、是否有配偶、父母、子女及其配偶、兄弟姐妹及其配偶担任本公司董事、监事或者高级管理人员？

是□　　　　　　　　否□

如是，请详细说明。

三、是否在其他公司任职？

是□　　　　　　　　否□

如是，请填报各公司的名称、注册资本、经营范围以及本人在该公司任职的情况。

四、是否存在下列情形：

（一）无民事行为能力或者限制民事行为能力；

是□　　　　　　　　否□

（二）因贪污、贿赂、侵占财产、挪用财产或者破坏社会主义市场经济秩序，被判处刑罚，执行期满未逾五年，或者因犯罪被剥夺政治权利，执行期满未逾五年；

是□　　　　　　　　否□

如是，请详细说明。

（三）担任破产清算的公司、企业的董事或者厂长、经理，对该公司、企业的破产负有个人责任，自该公司、企业破产清算完结之日起未逾三年；

是□　　　　　　　　否□

如是，请详细说明。

（四）担任因违法被吊销营业执照、责令关闭的公司、企业的法定代表人，并负有个人责任，自该公司、企业被吊销营业执照之日起未逾三年；

是□　　　　　　　　否□

如是，请详细说明。

（五）个人所负数额较大的债务到期未清偿。

是□　　　　　　　　　否□

如是，请详细说明。

五、是否曾违反《证券法》等证券法律、行政法规受到行政处罚？

是□　　　　　　　　　否□

如是，请详细说明。

六、是否曾违反其他法律、行政法规受到刑事处罚或者行政处罚？

是□　　　　　　　　　否□

如是，请详细说明。

七、是否曾违反证券交易所业务规则或者其他相关规定受到证券交易所处分？

是□　　　　　　　　　否□

如是，请详细说明。

八、是否因涉嫌违反证券法律、行政法规正受到中国证监会的调查？

是□　　　　　　　　　否□

如是，请详细说明。

九、本人以及本人的配偶、父母、子女是否持有本公司股票及其衍生品种？

是□　　　　　　　　　否□

如是，请详细说明。

十、在本公司及其控股子公司业务中，过去或者现在是否拥有除前项以外的任何其他利益？

是□　　　　　　　　　否□

如是，请详细说明。

十一、是否参加过中国证监会或者深圳证券交易所组织或者认可的证券业务培训？

是□　　　　　　　　　否□

如是，请详细说明。

十二、是否已明确知悉作为上市公司的高级管理人员，如果对下列问题负有直接责任的，将被追究刑事责任：

（一）公司向股东和社会公众提供虚假的或者隐瞒重大事实的财务会计报告，严重损害股东或者其他人利益，或者有其他严重情节的；

（二）公司对依法应当披露的其他重要信息不按照规定披露，严重损害股东或者其他人利益，或者有其他严重情节的。

是□　　　　　　　　　　否□

十三、是否已明确知悉作为上市公司的高级管理人员，如果违背对公司的忠实义务，利用职务便利，操纵上市公司从事下列行为之一，致使上市公司利益遭受重大或者特别重大损失的，将被追究刑事责任：

（一）无偿向其他单位或者个人提供资金、商品、服务或者其他资产的；

（二）以明显不公平的条件，提供或者接受资金、商品、服务或者其他资产的；

（三）向明显不具有清偿能力的单位或者个人提供资金、商品、服务或者其他资产的；

（四）向明显不具有清偿能力的单位或者个人提供担保，或者无正当理由为其他单位或者个人提供担保的；

（五）无正当理由放弃债权、承担债务的；

（六）采用其他方式损害上市公司利益的。

是□　　　　　　　　　　否□

十四、除上述问题所披露的信息外，是否有需要声明的其他事项，而不声明该等事项可能影响本人对上述问题回答的真实性、准确性或者完整性？

是□　　　　　　　　　　否□

如是，请详细说明。

本人____________（正楷体）郑重声明，上述回答是真实、准确和完整的，保证不存在任何虚假记载、误导性陈述或者遗漏。本人完全明白作出虚假声明可能导致的后果。深圳证券交易所可以依据上述回答所提供的资料，评估本人是否适宜担任上市公司的高级管理人员。

声 明 人：　　　（签署）

日　　期：

此项声明于　　年　月　日在　　作出。

见证律师：

日　　期：

第二部分　承　诺

本人＿＿＿＿＿＿＿（正楷体）向深圳证券交易所承诺：

一、本人在履行上市公司高级管理人员的职责时，将遵守并促使本公司遵守国家法律、行政法规和部门规章等有关规定，履行忠实、勤勉尽责的义务。

二、本人在履行上市公司高级管理人员的职责时，将遵守并促使本公司遵守中国证监会发布的部门规章、规范性文件等有关规定。

三、本人在履行上市公司高级管理人员的职责时，将遵守并促使本公司遵守《深圳证券交易所创业板股票上市规则》和深圳证券交易所其他相关规定。

四、本人在履行上市公司高级管理人员的职责时，将遵守并促使本公司遵守《公司章程》。

五、本人在履行上市公司高级管理人员的职责时，将及时向董事会和董事会秘书报告公司经营和财务等方面出现的可能对公司股票及其衍生品种交易价格产生较大影响的事项和《深圳证券交易所创业板股票上市规则》等业务规则、细则、指引和通知规定的其他重大事项。

六、本人接受深圳证券交易所的监管，包括及时、如实地答复深圳证券交易所向本人提出的任何问题，及时提供《深圳证券交易所创业板股票上市规则》等业务规则、细则、指引和通知规定应当报送的资料及要求提供的其他文件的正本或者副本，并出席本人被要求出席的会议。

七、本人授权深圳证券交易所将本人提供的承诺与声明的资料向中国证监会报告。

八、本人将按要求参加中国证监会和深圳证券交易所组织的业务培训。

九、本人如违反上述承诺，愿意承担由此引起的一切法律责任和接受深圳证券交易所的处分。

十、本人因履行上市公司高级管理人员职责或者本承诺而与深圳证券交易所发生争议提起诉讼时，由深圳证券交易所住所地法院管辖。

承 诺 人：　　　（签署）

日　　期：

此项承诺于　　年　月　日在　　作出。

见证律师：

日　　期：

附件四：

控股股东、实际控制人声明及承诺书
（法人及其他组织版本）

第一部分　声　明

一、基本情况

1. 上市公司全称：________________________________

2. 上市公司股票简称：____________股票代码：________

3. 本单位全称：__________________________________

4. 本单位住所：__________________________________

5. 本单位主要业务范围：____________________________

二、是否有除上市公司外的其他关联公司？

是□　　　　　　　　否□

如是，请填报各公司的名称、注册资本、经营范围。

三、是否负有数额较大的到期未清偿债务？

是□　　　　　　　　否□

如是，请详细说明。

四、是否存在占用上市公司资金或者要求上市公司违规提供担保的情形？

是□　　　　　　　　否□

如是，请详细说明。

五、是否曾违反《证券法》等证券法律、行政法规受到行政处罚？

是□　　　　　　　　否□

如是，请详细说明。

六、是否曾违反其他法律、行政法规受到刑事处罚或者行政处罚？

是□　　　　　　　　　　否□

如是，请详细说明。

七、是否曾违反证券交易所业务规则或者其他相关规定受到证券交易所处分？

是□　　　　　　　　　　否□

如是，请详细说明。

八、是否因涉嫌违反证券市场法律、行政法规正受到中国证监会的调查？

是□　　　　　　　　　　否□

如是，请详细说明。

九、是否直接或者间接持有上市公司的股票及其衍生品种？

是□　　　　　　　　　　否□

如是，请详细说明。

十、在上市公司及其控股子公司业务中，过去或者现在是否拥有除股权以外的任何其他利益？

是□　　　　　　　　　　否□

如是，请详细说明。

十一、是否已明确知悉作为上市公司的控股股东、实际控制人，指使上市公司董事、监事、高级管理人员违背对上市公司的忠实义务，利用职务便利，操纵上市公司从事下列行为之一，致使上市公司利益遭受重大或者特别重大损失的，将被追究刑事责任：

（一）无偿向其他单位或者个人提供资金、商品、服务或者其他资产的；

（二）以明显不公平的条件，提供或者接受资金、商品、服务或者其他资产的；

（三）向明显不具有清偿能力的单位或者个人提供资金、商品、服务或者其他资产的；

（四）向明显不具有清偿能力的单位或者个人提供担保，或者无正当理由为其他单位或者个人提供担保的；

（五）无正当理由放弃债权、承担债务的；

（六）采用其他方式损害上市公司利益的。

是□　　　　　　　　　　否□

十二、除上述问题所披露的信息外，是否有需要声明的其他事项，而不声明该等事项可能影响本单位对上述问题回答的真实性、准确性或者完整性？

是□　　　　　　　　　　否□

如是，请详细说明。

＿＿＿＿＿＿（正楷体）郑重声明，上述回答是真实、准确和完整的，保证不存在任何虚假记载、误导性陈述或者遗漏。本单位完全明白作出虚假声明可能导致的法律后果。

声明人（盖章）：

法定代表人签名：

日　　期：

此项声明于　　年　月　日在　　作出。

见证律师：

日　　期：

第二部分　承　诺

____________（正楷体）作为____________股份有限公司（以下简称上市公司）的控股股东（或者实际控制人），向深圳证券交易所承诺：

一、本单位保证严格遵守并促使上市公司严格遵守《公司法》《证券法》等法律、行政法规、部门规章、规范性文件的相关规定。

二、本单位保证严格遵守并促使上市公司严格遵守中国证监会发布的部门规章、规范性文件的有关规定。

三、本单位保证严格遵守并促使上市公司严格遵守《深圳证券交易所创业板股票上市规则》和深圳证券交易所其他相关规定。

四、本单位保证严格遵守并促使上市公司严格遵守《公司章程》的规定。

五、本单位保证依法行使股东权利，不滥用股东权利损害上市公司或者其他股东的利益，包括但不限于：

（一）本单位及本单位的关联人不以任何方式违法违规占用上市公司资金及要求上市公司违法违规提供担保；

（二）本单位及本单位的关联人不通过非公允关联交易、利润分配、资产重组、对外投资等任何方式损害上市公司和其他股东的合法权益；

（三）本单位及本单位的关联人不利用上市公司未公开重大信息谋取利益，不以任何方式泄漏有关上市公司的未公开重大信息，不从事内幕交易、短线交易、操纵市场等违法违规行为；

（四）本单位及本单位的关联人不以任何方式影响上市公司的独立性，保证上市公司资产完整、人员独立、财务独立、机构独立和业务独立。

六、本单位保证严格履行本公司作出的各项公开声明与承诺，不擅自变更或者解除。

七、本单位保证严格按照法律、行政法规、部门规章、规范性文件、《深圳证券交易所创业板股票上市规则》和深圳证券交易所其他相关规定履行信息披露义务，积极主动配合上市公司做好信息披露工作，及时告知上市公司已发生或者拟发生的重大事件。

八、本单位同意接受深圳证券交易所的监管，包括及时、如实地答复深圳证券交易所向本单位提出的任何问题，提供深圳证券交易所有关业务规则规定应当报送的资料及要求提供的其他文件的正本或者副本，并委派法定代表人出席本公司被要求出席的会议。

九、本单位如违反上述承诺和保证，愿意承担由此引起的一切法律责任和接受深圳证券交易所的处分。

十、本单位因履行本承诺而与深圳证券交易所发生争议提起诉讼时，由深圳证券交易所住所地法院管辖。

承诺人（盖章）：
法定代表人签名：
日　　期：
此项承诺于　　年　月　日在　　作出。
见证律师：
日　　期：

附件五：

控股股东、实际控制人声明及承诺书
（自然人版本）

第一部分　声　明

一、基本情况

1. 上市公司全称：________________

2. 上市公司股票简称：________股票代码：________

3. 本人姓名：________________

4. 别名：________________

5. 曾用名：________________

6. 出生日期：________________

7. 住址：________________

8. 国籍：________________

9. 拥有哪些国家或者地区的长期居留权（如适用）：____

10. 专业资格（如适用）：________________

11. 身份证号码：________________

12. 护照号码（如适用）：________________

13. 近亲属的姓名、身份证号码：

配偶：________________

父母：________________

子女：________________

兄弟姐妹：________________

14. 最近五年工作经历：________________

二、是否有配偶、父母、子女及其配偶、兄弟姐妹及其配偶担任本公司董事、监事或者高级管理人员？

是□　　　　　　　　　　否□

如是，请详细说明。

三、是否在其他公司任职？

是□　　　　　　　　　　否□

如是，请填报各公司的名称、注册资本、经营范围以及本人在该公司任职的情况。

四、是否存在下列情形：

（一）无民事行为能力或者限制民事行为能力；

是□　　　　　　　　　　否□

（二）因贪污、贿赂、侵占财产、挪用财产或者破坏社会主义市场经济秩序，被判处刑罚，执行期满未逾五年，或者因犯罪被剥夺政治权利，执行期满未逾五年；

是□　　　　　　　　　　否□

如是，请详细说明。

（三）担任破产清算的公司、企业的董事或者厂长、经理，对该公司、企业的破产负有个人责任，自该公司、企业破产清算完结之日起未逾三年；

是□　　　　　　　　　　否□

如是，请详细说明。

（四）担任因违法被吊销营业执照、责令关闭的公司、企业的法定代表人，并负有个人责任，自该公司、企业被吊销营业执照之日起未逾三年；

是□　　　　　　　　　　否□

如是，请详细说明。

（五）个人所负数额较大的债务到期未清偿；

是□　　　　　　　　　　否□

如是，请详细说明。

（六）是否存在占用上市公司资金或者要求上市公司违规提供担保的情形？

是□　　　　　　　　否□

如是，请详细说明。

五、是否曾违反《证券法》等证券法律、行政法规受到行政处罚？

是□　　　　　　　　否□

如是，请详细说明。

六、是否曾违反其他法律、行政法规受到刑事处罚或者行政处罚？

是□　　　　　　　　否□

如是，请详细说明。

七、是否曾违反证券交易所业务规则或者其他相关规定受到证券交易所处分？

是□　　　　　　　　否□

如是，请详细说明。

八、是否因涉嫌违反证券法律、行政法规正受到中国证监会的调查？

是□　　　　　　　　否□

如是，请详细说明。

九、本人以及本人的配偶、父母、子女是否直接或者间接持有本公司股票及其衍生品种？

是□　　　　　　　　否□

如是，请详细说明。

十、在上市公司及其控股子公司业务中，过去或者现在是否拥有除前项以外的任何其他利益？

是□　　　　　　　　否□

如是，请详细说明。

十一、是否参加过中国证监会或者深圳证券交易所组织或者认可的证券业务培训？

是□　　　　　　　　　　否□

如是，请详细说明。

十二、是否已明确知悉作为上市公司的控股股东、实际控制人，指使上市公司董事、监事、高级管理人员违背对上市公司的忠实义务，利用职务便利，操纵上市公司从事下列行为之一，致使上市公司利益遭受重大或者特别重大损失的，将被追究刑事责任：

（一）无偿向其他单位或者个人提供资金、商品、服务或者其他资产的；

（二）以明显不公平的条件，提供或者接受资金、商品、服务或者其他资产的；

（三）向明显不具有清偿能力的单位或者个人提供资金、商品、服务或者其他资产的；

（四）向明显不具有清偿能力的单位或者个人提供担保，或者无正当理由为其他单位或者个人提供担保的；

（五）无正当理由放弃债权、承担债务的；

（六）采用其他方式损害上市公司利益的。

是□　　　　　　　　　　否□

十三、除上述问题所披露的信息外，是否有需要声明的其他事项，而不声明该等事项可能影响本人对上述问题回答的真实性、准确性或者完整性？

是□　　　　　　　　　　否□

如是，请详细说明。

本人____________（正楷体）郑重声明，上述回答是真实、准确和完整的，保证不存在任何虚假记载、误导性陈述或者遗漏。本人完全明白作出虚假声明可能导致的法律后果。

声 明 人：　　（签署）

日　　期：

此项声明于　　年　月　日在　　作出。

见证律师：

日　　期：

第二部分　承　诺

本人＿＿＿＿＿＿（正楷体）作为＿＿＿＿＿＿股份有限公司（以下简称上市公司）的控股股东（或者实际控制人），向深圳证券交易所郑重承诺：

一、本人保证严格遵守并促使上市公司严格遵守《公司法》《证券法》等法律、行政法规、部门规章、规范性文件的相关规定。

二、本人保证严格遵守并促使上市公司严格遵守中国证监会发布的部门规章、规范性文件的有关规定。

三、本人保证严格遵守并促使上市公司严格遵守《深圳证券交易所创业板股票上市规则》和深圳证券交易所其他相关规定。

四、本人保证严格遵守并促使上市公司严格遵守《公司章程》的规定。

五、本人保证依法行使股东权利，不滥用股东权利损害上市公司或者其他股东的利益，包括但不限于：

（一）本人及本人的关联人不以任何方式违法违规占用上市公司资金及要求上市公司违法违规提供担保；

（二）本人及本人的关联人不通过非公允关联交易、利润分配、资产重组、对外投资等任何方式损害上市公司和其他股东的合法权益；

（三）本人及本人的关联人不利用上市公司未公开重大信息谋取利益，不以任何方式泄漏有关上市公司的未公开重大信息，不从事内幕交易、短线交易、操纵市场等违法违规行为；

（四）本人及本人的关联人不以任何方式影响上市公司的独立性，保证上市公司资产完整、人员独立、财务独立、机构独立和业务独立。

六、本人保证严格履行本人作出的各项公开声明与承诺，不擅自变更或者解除。

七、本人保证严格按照法律、行政法规、部门规章、规范性文件、《深圳证券交易所创业板股票上市规则》和深圳证券交易所其他相关规定履行信息披露义务，积极主动配合上市公司做好信息披露工作，及时告知上市公司已发生或者拟发生的重大事件。

八、本人同意接受深圳证券交易所的监管，包括及时、如实地答复深圳证券交易所向本公司提出的任何问题，提供深圳证券交易所有关业务规则规定应当报送的资料及要求提供的其他文件的正本或者副本，并亲自出席本人被要求出席的会议。

九、本人如违反上述承诺和保证，愿意承担由此引起的一切法律责任和接受深圳证券交易所的处分。

十、本人因履行本承诺而与深圳证券交易所发生争议提起诉讼时，由深圳证券交易所住所地法院管辖。

承 诺 人：　　　（签署）

日　　期：

此项承诺于　　年　月　日在　　作出。

见证律师：

日　　期：

说明：

1. 按照《深圳证券交易所创业板股票上市规则》的规定必须向本所呈报“董事（监事、高级管理人员、控股股东、实际控制人）声明及承诺书”的人士，均必须填写第一部分声明和第二部分承诺。控股股东、实际控制人为法人或者其他组织的，按照《控股股东、实际控制人声明及承诺书（法人或者其他组织版本）》规定的格式填写。控股股东、实际控制人为自然人的，按照《控股股东、实际控制人声明及承诺书（自然人版本）》规定的格式填写。

2. 同时兼任高级管理人员的董事，应当分别向本所呈报《董事声明及承诺书》和《高级管理人员声明及承诺书》。

3. 填写人员应当如实回答《声明及承诺书》中所有问题。若没有真实、准确、完整、及时填写声明部分，或者没有填写承诺部分，或者没有遵守承诺，则属违反《深圳证券交易所创业板股票上市规则》，本所有权根据本规则予以相应处分。

4. 因声明事项发生变化需要按照本规则向本所报送最新资料的，应当同时报送更新后的声明及承诺书电子文件。

5. 上市公司应当保证报送本所的声明及承诺书电子文件与相关人员（或者单位）亲自签署（盖章）的书面文件一致。

6. 若所附格式文件不够填写，可以另书并请装订在后。

7. 若对填写事项有疑问，请咨询本所或者律师。